全国交通技工院校汽车运输类专业规划教材

汽车电器结构与拆装

(汽车维修、汽车商务专业用)

主编 许云珍
主审 张茂国

人民交通出版社

内 容 提 要

本书是全国交通技工院校汽车运输类专业规划教材之一,主要介绍了汽车电气设备的基础知识、蓄电池的结构与更换、发电机的结构与拆装、起动机的结构与拆装、电子点火系统的结构与分电器的拆装、车身与驾驶室电器的识读、前照灯电路的连接、汽车仪表的结构与拆装、汽车音响的结构与拆装、电喇叭的线路连接、电动刮水器的结构与拆装、电动门锁的结构与拆装、电动车窗电动机的结构与拆装等内容。

本书是交通技工院校、中等职业学校的汽车维修、汽车商务专业的专业基础课程教材,也可作为汽车维修专业技术等级考核及培训用书和相关技术人员的参考用书。

图书在版编目(CIP)数据

汽车电器结构与拆装/许云珍主编. — 北京:人民交通出版社,2013.8
全国交通技工院校汽车运输类专业规划教材
ISBN 978-7-114-10686-6

Ⅰ. ①汽… Ⅱ. ①许… Ⅲ. ①汽车—电气设备–构造—技工学校–教材②汽车—电气设备—装配(机械)—技工学校—教材 Ⅳ. ①U463.6

中国版本图书馆 CIP 数据核字(2013)第 118525 号

书　　名	汽车电器结构与拆装
著 作 者	许云珍
责任编辑	李　斌
出版发行	人民交通出版社股份有限公司
地　　址	(100011)北京市朝阳区安定门外外馆斜街3号
网　　址	http://www.ccpress.com.cn
销售电话	(010) 59757973
总 经 销	人民交通出版社股份有限公司发行部
经　　销	各地新华书店
印　　刷	北京市密东印刷有限公司
开　　本	787×1092　1/16
印　　张	13.75
字　　数	310 千
版　　次	2013 年 8 月　第 1 版
印　　次	2020 年 6 月　第 4 次印刷
书　　号	ISBN 978-7-114-10686-6
定　　价	30.00 元

(有印刷、装订质量问题的图书由本社负责调换)

交通职业教育教学指导委员会

汽车(技工)专业指导委员会

主 任 委 员：李福来
副主任委员：金伟强　戴　威
委　　　员：王少鹏　王作发　关菲明　孙文平
　　　　　　张吉国　李桂花　束龙友　杨　敏
　　　　　　杨建良　杨桂玲　胡大伟　雷志仁
秘　　　书：张则雷

Foreword 前言

教育部关于全面推进素质教育深化中等职业教育教学改革的意见中提出:"中等职业教育要全面贯彻党的教育方针,转变教育思想,树立以全面素质为基础、以能力为本位的新观念,培养与社会主义现代化建设要求相适应,德智体美劳全面发展,具有综合职业能力,在生产、服务、技术和管理第一线工作的高素质劳动者和中初级专门人才"。根据这一精神,交通职业教育教学指导委员会在专业调研和人才需求分析的基础上,通过与从事汽车运输行业一线行业专家共同分析论证,对汽车运输类专业所涵盖的岗位(群)进行了职业能力和工作任务分析,通过典型工作任务分析→行动领域归纳→学习领域转换等步骤和方法,形成了汽车运输类专业课程体系,于2011年3月,编辑出版了《交通运输类主干专业教学标准与课程标准》(适用于技工教育)。为更好地执行这两个标准,为全国交通运输类技工院校提供适应新的教学要求的教材,交通职业教育教学指导委员会汽车(技工)专业指导委员会于2011年5月启动了汽车运输类主干专业系列规划教材的编写。

本系列教材为交通职业教育教学指导委员会汽车(技工)专业指导委员会规划教材,涵盖了汽车运输类的汽车维修、汽车钣金与涂装、汽车装饰与美容、汽车商务等四个专业26门专业基础课和专业核心课程,供全国交通运输类技工院校汽车专业教学使用。

本系列教材体现了以职业能力为本位,以能力应用为核心,以"必需、够用"为原则;紧密联系生产、教学实际;加强教学针对性,与相应的职业资格标准相互衔接。教材内容适应汽车运输行业对技能型人才的培养要求,具有以下特点:

1. 教材采用项目、课题的形式编写,以汽车维修企业、汽车4S店实际工作项目为依据设计,通过项目描述、项目要求、学习内容、学习任务(情境)描述、学习目标、资料收集、实训操作、评价与反馈、学习拓展等模块,构建知识和技能模块。

2. 教材体现职业教育的特点,注重知识的前沿性和全面性,内容的实用性和实践性,能力形成的渐进性和系统性。

3. 教材反映了汽车工业的新知识、新技术、新工艺和新标准,同时注意新设备、新材料和新方法的介绍,其工艺过程尽可能与当前生产情景一致。

4.教材体现了汽车专业中级工应知应会的知识技能要求,突出了技能训练和学习能力的培养,符合专业培养目标和职业能力的基本要求,取材合理,难易程度适中,切合中技学生的实际水平。

5.教材文字简洁,通俗易懂,以图代文,图文并茂,形象直观,形式生动,容易培养学员的学习兴趣,有利于提高学习效果。

教材《汽车电器结构与拆装》根据交通职业教育教学指导委员会交通运输类主干专业教学标准与"汽车电器结构与拆装"课程标准编写。它是交通技工院校、中等职业学校的汽车维修、汽车商务专业的专业基础课教材。其功能在于培养具备安全操作和环保意识、合理选择并熟练使用工量具、规范拆装汽车电器的基本职业能力,达到本专业学生应具备的汽车电器构造、汽车电器拆装方面等知识要求。本书也可作为汽车维修专业技术等级考核及培训用书和相关技术人员的参考用书。全书由十三个项目组成,分别介绍了汽车电气设备的基础知识、蓄电池的结构与更换、发电机的结构与拆装、起动机的结构与拆装、电子点火系统的结构与分电器的拆装、车身与驾驶室电器的识读、前照灯电路的连接、汽车仪表的结构与拆装、汽车音响的结构与拆装、电喇叭的线路连接、电动刮水器的结构与拆装、电动门锁的结构与拆装、电动车窗电动机的结构与拆装等知识。

本书由浙江交通技师学院许云珍担任主编,山东交通技师学院张茂国担任主审,项目一、项目十一、项目十二、项目十三由杭州技师学院何建龙编写,项目二、项目三、项目四、项目五由河南交通高级技工学校申琳编写,项目六、项目七、项目八、项目九、项目十由浙江交通技师学院许云珍编写。本书在编写过程中,得到了部分汽车修理厂家和汽车4S店的支持,在此表示感谢。

由于编者经历和水平有限,教材内容难以覆盖全国各地的实际情况,希望各地教学单位在积极选用和推广本教材的同时,总结经验及时提出修改意见和建议,以便再版时进行修订改正。

交通职业教育教学指导委员会
汽车(技工)专业指导委员会
2013年2月

Contents 目录

项目一　汽车电气设备的基础知识 ·················· 1
　课题一　汽车电气系统的组成与特点 ·················· 1
　课题二　汽车电路的基本元件 ·················· 4
　课题三　汽车电路图的基本标志和识读 ·················· 13
项目二　蓄电池的结构与更换 ·················· 22
　课题一　蓄电池的结构与正确使用 ·················· 22
　课题二　蓄电池的型号与选用 ·················· 26
　课题三　蓄电池的更换 ·················· 29
项目三　发电机的结构与拆装 ·················· 33
　课题一　发电机的结构与工作原理 ·················· 33
　课题二　发电机的拆装 ·················· 42
项目四　起动机的结构与拆装 ·················· 54
　课题一　起动机的结构与工作原理 ·················· 54
　课题二　起动机的拆装 ·················· 63
项目五　电子点火系统的结构与分电器的拆装 ·················· 72
　课题一　电子点火系统的结构与工作原理 ·················· 72
　课题二　分电器的拆装 ·················· 88
项目六　车身与驾驶室电器的识读 ·················· 94
　课题一　驾驶室电器的识读 ·················· 94
　课题二　车身电器的识读 ·················· 101
项目七　前照灯电路的连接 ·················· 116
　课题一　汽车前照灯的结构与控制电路 ·················· 116
　课题二　前照灯电路的连接和灯泡的更换 ·················· 125
项目八　汽车仪表的结构与拆装 ·················· 132
　课题一　汽车仪表结构与工作原理 ·················· 132
　课题二　汽车仪表的线路连接与拆装 ·················· 140
项目九　汽车音响的结构与拆装 ·················· 150
　课题一　汽车音响的结构 ·················· 150
　课题二　汽车音响的拆装 ·················· 156
项目十　电喇叭的线路连接 ·················· 164

课题一	电喇叭的结构与工作原理	164
课题二	电喇叭的线路连接与拆装	167

项目十一　电动刮水器的结构与拆装 …… 173
　　课题一　电动刮水器的结构与工作原理 …… 173
　　课题二　电动刮水器的线路连接与拆装 …… 178

项目十二　电动门锁的结构与拆装 …… 185
　　课题一　电动门锁的结构与工作原理 …… 185
　　课题二　遥控电动门锁的线路连接及拆装 …… 189

项目十三　电动车窗电动机的结构与拆装 …… 201
　　课题一　电动车窗的结构与工作原理 …… 201
　　课题二　电动车窗的线路连接与电动机总成拆装 …… 203

参考文献 …… 210

项目一　汽车电气设备的基础知识

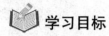

完成本项目学习后,你应能:
1. 知道汽车电气系统的组成及特点;
2. 知道汽车导线、线束及插接器的特点;
3. 知道汽车电路中继电器及电路保护装置的作用及特点;
4. 知道接线盒中继电器及熔断器的分布规律;
5. 明白汽车电路图中常用的符号含义;
6. 操作点火开关及其他常见开关;
7. 分析电路图的基本构成。

建议课时:12 课时

课题一　汽车电气系统的组成与特点

一、汽车电气系统的发展概况

从汽车问世一百多年来,汽车的发展给整个世界和人类生活带来了巨大的变化,汽车技术也取得了令人瞩目的进步。汽车电气系统是汽车的重要组成部分,随着汽车技术的进步,汽车电器的结构与性能也在不断改进,特别是电子技术在汽车上的广泛应用,其在解决汽车节能降耗、行车安全、减少排放污染等方面起着越来越重要的作用。

在很长一段时间内,汽车电气及其技术的进步主要表现在机械方面,随着电子技术的发展,电子技术在汽车上的应用将引领未来汽车技术的主流。

20世纪60年代以后,汽车上开始大量采用电子设备,其主要标志是交流发电机的应用,利用二极管整流技术,将交流电变为直流电,使发电机的质量减小、体积减小、可靠性大幅提高;之后,又用电子电压调节器替代了传统的触点式电压调节器,使发电机的输出电压更加稳定,并减少了维护的工作量。

进入20世纪70年代,电子技术应用于点火系统,出现了电子控制高能点火系统,使点火能量有了很大提高,点火提前控制得更加精确,提高了汽车的动力性,降低了汽车的排放污染。为进一步减少汽车的排放污染和提高其整体性能,随之又出现了电控燃油喷射系统(EFI)、电控自动变速器(ECT)、防抱死制动系统(ABS)等。

20世纪80年代以后,汽车采用的电子装置越来越多,如驾驶辅助装置、安全警报装置、通信和娱乐系统等。特别是计算机技术的发展,更给汽车电子控制技术带来了一场技术革命,电控技术已深入到汽车的各个部分,使汽车的整体性能得到了大幅度的提高。

二、汽车电气系统的组成与特点

汽车电气系统的组成

汽车电气系统由电源、用电设备和配电装置三部分组成,如图1-1所示。

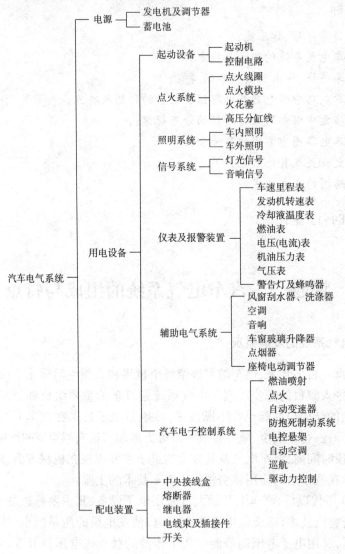

图1-1 汽车电气系统组成

(1)电源系统。电源系统包括蓄电池、发电机、充电指示灯等,如图1-2所示。发电机与蓄电池并联工作,发动机未运转时,由蓄电池供电,发动机起动后,改由发电机供电。在发电机给用电设备供电的同时,也给蓄电池充电。发电机内部配有调节器,其主要作用是在发电机转速变化时,自动保持发电机输出电压的稳定。

(2)用电设备。

①起动系统。主要包括起动机及其控制电路,用来起动发动机,如图1-3所示。

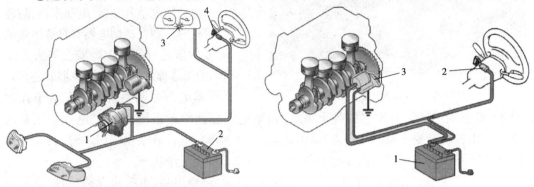

图1-2 汽车电源系统
1-交流发电机;2-蓄电池;3-充电指示灯;4-点火开关

图1-3 汽车起动系统
1-蓄电池;2-点火开关;3-起动机

②点火系统。点火系统的任务是产生高压电火花,点燃汽油发动机汽缸内的可燃混合气。主要包括点火线圈、点火模块、火花塞、高压线等,如图1-4所示。

③照明系统。包括车内外各种照明灯及其控制装置,主要用来保证夜间行车安全,如图1-5所示为汽车前照灯远、近光照明情况。

④信号系统。包括电喇叭、蜂鸣器、闪光器及各种行车信号标示灯等,主要用来保证车辆运行时的人车安全。

⑤仪表及报警系统。用来监测发动机及汽车的工作情况,驾驶人可通过仪表及报警装置,及时发现发动机及汽车各种参数的异常情况,确保汽车正常运行。该系统主要包括冷却液温度表、燃油表、车速里程表、发动机转速表及各种警

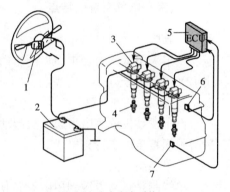

图1-4 汽车点火系统
1-点火开关;2-蓄电池;3-带点火器的点火线圈;4-火花塞;5-发动机电子控制单元(ECU);6-凸轮轴位置传感器;7-曲轴位置传感器

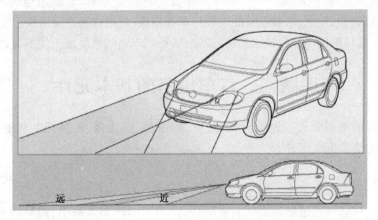

图1-5 汽车前照灯远、近光照明

告指示灯等,如图1-6所示。

图1-6 汽车仪表及报警系统

⑥辅助电气系统。包括电动刮水器、空调系统、车窗玻璃电动升降器、电动座椅、防盗系统、收录机等。现在辅助电器有日益增多的趋势,主要向舒适、娱乐、保障安全等方面发展。车辆的豪华程度越高,辅助电器就越多。

⑦汽车电子控制系统。汽车电子控制系统主要指利用计算机控制的各个系统,包括电控燃油喷射系统(EFI)、电控点火系统(ESA)、电控自动变速器(ECT)、防抱死制动系统(ABS)、电控悬架系统(EMS)、自动空调等,电控系统的采用可以使汽车上的各个系统均处于最佳工作状态。

(3)配电装置。配电装置包括中央接线盒、熔断器、继电器、电线束及插接件、电路开关等,使全车电路构成一个统一的整体。

三、汽车电气系统的特点

1. 低压

汽车采用低压直流电,现今汽车的标称电压有12V和24V两种。目前汽油车普遍采用12V电源系统。

2. 直流

汽车发动机依靠电力起动机起动,而起动机的电源是蓄电池,当蓄电池的电能消耗完后必须用直流电进行充电。

3. 单线制

单线制是指从电源到用电设备使用一根导线连接,而另一根导线则由汽车车身或发动机机体代替。作为回路连接方式,单线制不仅节约导线,使线路简化、清晰,而且也便于安装和检修。现代汽车普遍采用单线制,但在某些汽车上,有些不能形成可靠回路的地方,或多或少地存在着双线制。

4. 负极搭铁

采用单线制时,蓄电池的一个电极接到车身上,俗称"搭铁"。蓄电池的负极与车身相连,就称为负极搭铁;反之,若蓄电池的正极与车身相连接,则称为正极搭铁。按国家标准GB 2261-77《汽车拖拉机用电设备技术条件》规定,国产汽车电气系统统一规定为负极搭铁。

课题二 汽车电路的基本元件

汽车电路的基本元件主要指导线、线束、熔断器、插接器、各种开关和继电器等,它们是汽车电路的基本组成部分。

一、导线

导线是汽车电气系统最基本的组成部分,在不同的汽车电路中,对导线的尺寸以及材料的要求也不一样,它们各自都有严格的标准规定。连接各设备的导线常以不同的颜色加以区分。其中,截面积在 4mm² 以上的导线采用单色线,而截面积在 4mm² 以下的导线均采用花线。汽车电路导线颜色见表 1-1 所示。主要线路导线标称截面积见表 1-2 所示。

汽车电路各系统的主色　　　　　　　　　　　　　表 1-1

系统名称	导线主色	代号
电源系统	红	R
点火和起动系统	白	W
灯光照明系统	蓝	BL
灯光信号系统	绿	G
车身内部照明系统	黄	Y
仪表及报警指示和喇叭	棕	Br
收音机、点烟器等辅助装置	紫	V
各种辅助电动机及电气操作系统	灰	Gr
电气装置搭铁线	黑	B

汽车 12V 电路主要线路导线截面积推荐表　　　　　表 1-2

导线标称截面积(mm²)	用途
0.5	顶灯、尾灯、指示灯、仪表灯、牌照灯、燃油表、冷却液温度表等电路
0.8	转向灯、制动灯、停车灯等
1.0	前照灯、电喇叭(3A 以下)电路
1.5	前照灯、电喇叭(3A 以上)电路
1.5～4.0	其他 5A 以上的电路
4.0～6.0	柴油机电热塞电路
6.0～25.0	电源电路
16.0～95.0	起动机电路

高压导线在汽车点火线圈至火花塞之间的电路使用,一般耐压值在 30kV 以上,它在点火系统中承担高压电输送任务,其工作电流很小,故截面积较小,约 1.5mm²,绝缘层很厚,多采用橡胶绝缘。按线芯不同,它分为普通铜芯高压线和阻尼高压线两种。带阻尼的高压线可抑制和衰减点火系统产生的高频电磁波,减少对无线电设备和电控装置的干扰。

二、线束

随着汽车用电器的增多,导线的数量不断增加,为了使全车线路规整、安装方便及保护导线的绝缘,汽车上的全车线路除高压线、蓄电池的电缆外,一般都将同区域的不同规格的导线用棉纱或薄聚氯乙烯带缠绕包扎成束,称为线束。一般汽车的线束分为发动机线束、仪表线束、车身线束等。凯越(1.6L)汽车线束内导线的编码规则如图 1-7、表 1-3 所示,其部分线束的布置方式如图 1-8 所示,丰田卡罗拉轿

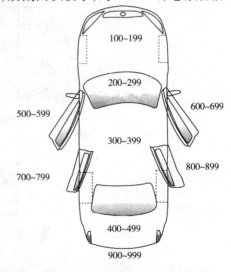

图 1-7　凯越(1.6L)汽车线束内导线的编码规则

车部分线束布置方式如图 1-9 所示。

凯越(1.6L)汽车线束内导线的编码规则　　　　　表 1-3

线束编码	区位说明
100~199	发动机舱
200~299	仪表板区域
300~399	乘客室(从仪表板到后轮毂罩)
400~499	行李舱(从后轮毂罩到车辆后部)
500~599	左前车门内
600~699	右前车门内
700~799	左后车门内
800~899	右前车门内
900~999	行李舱盖或储物箱盖

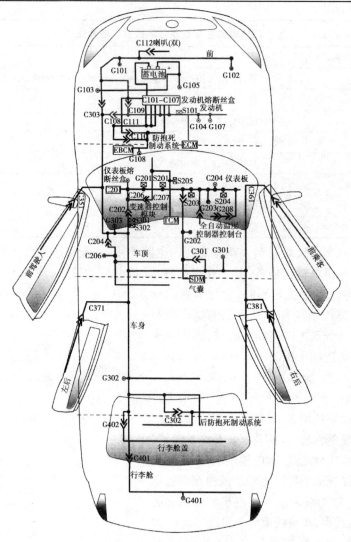

图 1-8　凯越(1.6L)汽车线束图示例

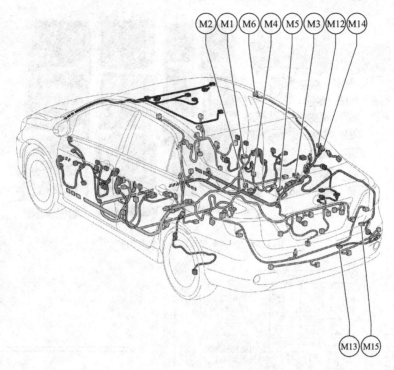

图 1-9 卡罗拉轿车线束图示例

M1-右前车门门控灯开关总成；M2-右前座椅外安全带总成；M3-右后车门门控灯开关总成；M4-右前侧气囊传感器总成；M5-右后侧气囊传感器总成；M6-右侧窗帘式安全囊总成；M12-2号车门控制接收器；M13-行李舱外电子钥匙天线；M14-3号车门控制接收器；M15-电子钥匙天线

安装汽车线束时，通常先将仪表板、各开关连接好，然后再往汽车上安装，根据导线的颜色分别连接到相应的电器上，每个线头连接都必须牢固、可靠，且接触良好。线束穿过洞口或绕过锐角处都应有护套管保护，在线束布置过程中不要拉得太紧，线束位置确定后，应用卡簧或绊钉固定，以免松动损坏。

三、熔断器

熔断器（俗称保险管或保险），在电路中起保护作用，常见的熔断器外形如图 1-10 所示。当电路中流过的电流超过其规定的最大电流时，熔断器的熔丝自身发热而熔断，从而切断电路，以防止烧坏电路连接导线和电器设备，把故障限制在最小范围内。

通常情况下，熔断器集中安装，即将很多熔断器组合在一起安装在熔断器盒内，并在熔断器盒盖上注明各熔断器的名称、额定容量和位置。凯越车型熔断器盒如图 1-11 所示。熔断器的规格和控制内容如图 1-12 和表 1-4、表 1-5 所示。

◇小提示：熔断器在使用中应注意以下三点：
(1) 熔断器熔断后，必须查明原因，彻底排除故障。
(2) 更换熔断器时一定要与原规格相同。
(3) 安装时要保证熔断器与熔断器支架接触良好。

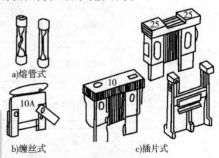

图 1-10 常见的熔断器外形
a) 熔管式　b) 缠丝式　c) 插片式

图 1-11　凯越车型熔断器盒实物图

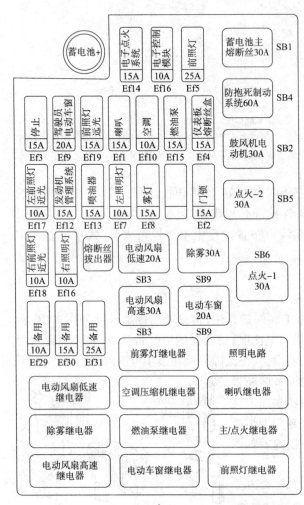

图 1-12　凯越车型熔断器盒标定图
a) 发动机舱内熔断器盒；b) 乘客侧仪表板熔断器盒

项目一 汽车电气设备的基础知识

发动机舱熔断器图表 表1-4

电源	分类	熔断器号	额定电流	用途
30 蓄电池（+）	SB（慢熔熔断器）	SB1	30A	蓄电池主熔断器(F1～F4，F9～F12)
		SB2	30A	鼓风机继电器
		SB3	20A	冷却风扇低速继电器
		SB4	60A	电子制动控制模块，供油连接器
		SB5	30A	点火开关-2
		SB6	30A	点火开关-1
		SB8	30A	冷却风扇高速继电器
		SB9	30A	除雾继电器
点火 2(15A)	片式熔断器	SB7	20A	电动车窗开关
点火 1(15)		Ef14	15A	燃油连接器，发动机控制模块，线性排气再循环阀，电子点火系统
30 蓄电池（+）		Ef16	10A	发动机控制模块，主继电器
		Ef5	25A	前照灯继电器，照明继电器
		Ef3	15A	制动开关
点火 2(15A)		Ef9	20A	电动车窗开关
56 灯		Ef19	15A	前照灯远光
30 蓄电池（+）		Ef1	15A	喇叭继电器、蜂鸣器、发动机罩接触开关
		Ef10	10A	空调压缩机继电器
点火 1(15)		Ef15	15A	燃油泵
30 蓄电池（+）		Ef4	15A	仪表组、钥匙未拔提醒开关、折叠后视镜装置、阅读灯、乘客室照明灯、行李舱开启照明灯、行李舱开启开关
56 灯		Ef17	10A	前照灯近光
点火 1(15) 30 蓄电池（+）		Ef12	15A	蒸发排放炭罐吹洗电磁阀、氧传感器、冷却风扇继电器
		Ef13	15A	喷油器、排气再循环、电动排气再循环
照明（58）		Ef7	10A	牌照灯、蜂鸣器铃、尾灯、前照灯
30 蓄电池（+）		Ef8	15A	雾灯继电器
		Ef2	15A	中央门锁装置
56 灯		Ef18	10A	前照灯近光
照明（58）		Ef6	10A	照明电路，前照灯，尾灯
备用		Ef29	10A	未用
		Ef30	15A	未用
		Ef31	25A	未用

四、插接器

插接器由插头和插座组成，用于线束与线束或导线与导线之间的相互连接。为了防止插接器在汽车行驶中脱开,所有插接器均采用闭锁装置。插接器的符号与实物如图1-13 所示。符号涂黑的表示插头,白色的表示插座,带有倒角的表示针式插头。插接器接合时,应把插接器的导向槽重合在一起,使插头和插孔对准,然后平行插入即可保证插接器十分牢固地连接在一起。插接器连接后,其连线为一对一连接,如图1-14 所示。

仪表板熔断器图表　　　　　　　　　　　　表1-5

电　源	分　类	熔断器号	额定电流	用　途
点火1(15)	片式熔断器	F24	10A	传感和诊断模块
		F23	10A	变速器控制模块、发动机控制模块、发电机、可变进气道系统、车速传感器
		F22	15A	危险警告灯开关
		F21	10A	仪表组、蜂鸣器铃、制动开关、空调控制开关
—		F20	—	—
点火2(15A)		F19	10A	空调压缩机继电器、除雾继电器、电动车窗继电器、前照灯继电器
		F18	20A	鼓风机继电器、空调控制开关、全自动温度控制
		F17	15A	电动后视镜开关、折叠后视镜、天窗模块
点火1(15)		F16	25A	刮水器起动机、刮水器开关
—		F15	—	—
点火1(15)		F14	10A	电子制动控制模块、供油连接器
		F13	10A	阻断器、防盗控制单元、雨水传感器装置
		F12	10A	变速器控制模块
30 蓄电池(+)		F11	15A	危险警告灯开关
		F10	15A	防盗控制单元
		F9	10A	数据链接插头
		F8	10A	音响、时钟
附件(15C)		F7	—	—
		F6	15A	点烟器
点火1(15)		F5	10A	倒车灯开关、驻车空挡位置开关
		F4	15A	后除雾继电器
30 蓄电池(+)		F3	15A	时钟、全自动温度控制、空调控制开关
		F2	15A	音响
		F1	10A	阻断器

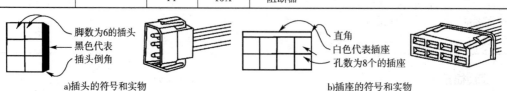

a)插头的符号和实物　　　　　　　　　b)插座的符号和实物

图1-13　插接器的符号和实物

要拆开插接器时,首先要解除闭锁,然后把插接器拉开,不允许在未解除闭锁的情况下用力拉导线,这样会损坏闭锁或连接导线。正确的方法是先压下闭锁,再把插接器拉开,如图1-15所示。

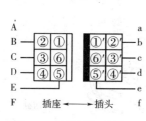

图1-14 插接器的连接方法

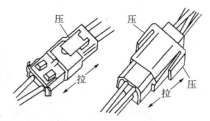

图1-15 插接器的拆装

五、汽车开关

在汽车电路中,各用电设备或独立的电系统中一般都设有单独的控制开关,如灯光开关、变光开关、刮水器开关、洗涤器开关、转向开关、紧急报警开关、空调开关、倒车开关、制动开关、喇叭开关等。各种开关的结构都相似,下面以最常见的点火开关与组合开关为例来说明开关的结构及工作过程。

1. 点火开关

在所有的开关中,点火开关最为重要,它控制着充电系统、点火系统、起动系统以及绝大多数的辅助电器。如图1-16所示,汽车的点火开关装在转向柱上,通常有五个挡位担任不同的工作,分别为锁止挡(LOCK)、关闭挡(OFF)、附件挡(ACC)、运转挡(ON)、起动挡(START)。大部分车型点火开关的锁体都具有锁止转向盘的功能,同时还具有防止误起动的功能。点火开关只能从OFF挡开始拧到起动挡,当打不着火或发动机熄火时,若要重新起动发动机,必须将点火开关转回到OFF挡,然后从OFF挡—ON挡—ST挡。

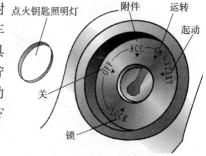

图1-16 点火开关的位置

2. 组合开关

组合开关将灯光开关(前照灯开关、变光开关)、转向灯开关、紧急警告灯开关、刮水器、清洗器开关等组合为一体,它是一个多功能开关,安装在便于驾驶人操纵的转向柱上,如图1-17所示。

3. 继电器

继电器是间接开关,由触点和线圈组成。一般的开关通过触点的电流较小,不能控制工作电流较大的用电设备,常采用开关控制继电器线圈的接通和断开,继电器线圈控制继电器触点,继电器触点控制用电设备的工作。

汽车上的继电器很多,常见的有3种:常开继电器、常闭继电器、常开及常闭混合继电器。

(1)常开继电器。触点在继电器不工作时是断开的,继电器线圈通电后触点才接通。

(2)常闭继电器。触点在继电器不工作时是闭合的,继电器线圈通电后触点才断开。

(3)混合型继电器。在继电器不工作时,常闭触点接通,常开触点断开,当继电器线圈通电时,则变为相反状态。

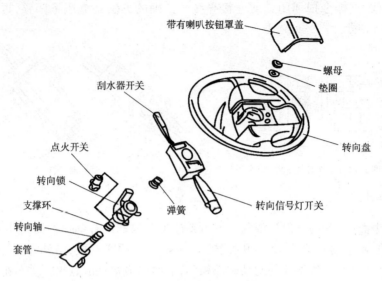

图 1-17 组合开关

各种继电器的工作状态及插接式继电器的内部原理和工作状态如图 1-18 和图 1-19 所示。

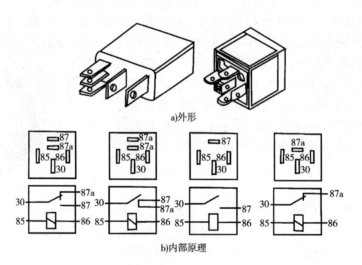

图 1-18 插接式继电器的外形与内部原理

	常开(N,O)继电器	常闭(N,C)继电器	混合型继电器
正常(通常)状态	不通 ○○ 不通 ○○○	不通 ○○ 通	不通 ○○○ 通 不通 ○○○ 通

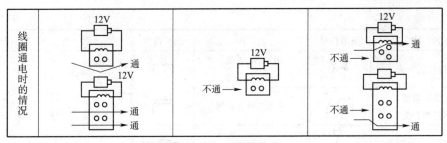

图1-19 继电器的工作状态

课题三 汽车电路图的基本标志和识读

汽车电路图有全车电路图和系统电路图两种。全车电路图就是将电源系统、起动系统、点火系统、照明信号系统、仪表与电子显示装置、电子控制装置以及辅助电气装置等全车电气设备,用标准电气符号,按照各自的工作特性及相互的内在联系,通过开关、熔断器、继电器(或电子控制单元)及导线连接起来的电路图。系统电路图即仅涉及单个系统的电路图。全车电路图和系统电路图不仅符合车上线路的实际连接关系,而且电路清晰、简单明了,对分析各用电器的工作原理有很大作用。

一、电路图的基本标志

1. 电气符号

虽然不同车型的电路图不相同,但汽车电路图所采用的符号大体相同。汽车电路图中常用的电气符号见表1-6。

汽车电路图常用的电气符号　　　　表1-6

名　称	图形符号	名　称	图形符号	名　称	图形符号
1.限定符号		可拆卸的端子	⌀	中间断开的双向触点	
直流	⎓	导线的连接		联动开关	
交流	~	导线的分支连接			
交直流	≅	导线的交叉连接		手动开关的一般符号	E\
正极	+	导线的跨越			
负极	−	插座的一个极		定位(非自动复位)开关	
中性点	N	插头的一个极			
磁场	F	插头和插座		按钮	E\
搭铁	E⏚	3.触点与开关符号			
发电机输出接线柱	B	动合(常开)触点		能定位的按钮	E\
磁场二极管输出端	D₊				
2.端子和导线的连接符号		动断(常闭)触点		拉拔开关	
接点	•				
端子	○	先断后合的触点		旋转、旋钮开关	

续上表

名　称	图形符号	名　称	图形符号	名　称	图形符号
液位控制开关		电感器、线圈、绕组、扼流圈		电钟	
润滑油滤清器报警开关	OP	带磁芯的电感器		数字式电钟	
热敏开关动合触点	t°	熔断器		6.传感器符号	
热敏开关动断触点	t°	易熔线		温度表传感器	t
多挡开关、点火、起动开关，瞬时位置为2能自动返回到1（即2挡不能定位）	0 1 2 0.1	电路断电器		空气温度传感器	$t_a°$
		永久磁铁		冷却液温度传感器	$t_w°$
节气门开关		一个绕组电磁铁		燃油表传感器	Q
4.电器元件符号					
电阻器		两个绕组电磁铁		油压表传感器	OP
可变电阻器					
热敏电阻器	θ	不同方向绕组电磁铁		空气质量传感器	m
滑动触点电位器				空气流量传感器	AF
加热元件、电热塞		触点动合的继电器			
电容器				氧传感器	λ
可变电容器		触点动断的继电器			
极性电容器		5.仪表符号		爆燃传感器	K
半导体二极管一般符号		电压表	V	转速传感器	n
单向击穿二极管、压调整二极管（稳压管）		电流表	A	速度传感器	v
		电阻表	Ω		
发光二极管		油压表	OP	空气压力传感器	AF
光电二极管		转速表	n	制动压力传感器	BP
PNP型晶体管		温度表	t°		
集电极接管亮晶体管（NPN型）		燃油表	Q	蓄电池传感器	B
具有两个电极的压电晶体		速度表	v	制动灯传感器	BR

项目一 汽车电气设备的基础知识

续上表

名　称	图形符号	名　称	图形符号	名　称	图形符号
灯传感器	T	点烟器		晶体管电动燃油泵	
制动器摩擦片传感器	F	间歇刮水继电器		加热定时器	H T
燃油滤清器积水传感器	W	防盗报警系统		电子点火	I C
7.电气设备符号		天线一般符号		风扇电动机	M
照明灯、信号灯、仪表灯、指示灯		发射机		刮水器电动机	M
双丝灯		收音机		天线电动机	M
荧光灯		收放机		门窗电动机	M
组合灯		传声器一般符号		座椅安全带装置	
预热指示器		点火线圈		定子绕组为星形联结的交流发电机	G 3 Y
电喇叭		分电器		定子绕组为三角形联结的交流发电机	G 3
扬声器		火花塞		外接电压调节器与交流发电机	G 3 Y U
蜂鸣器		电压调节器	U	整体式交流发电机	G 3 Y U
报警器、电警笛		串励绕组		蓄电池	
电磁离合器		并励或他励绕组		蓄电池组	
用电动机操纵的怠速调整装置	M	集电环或换向器上的电刷		闪光器	G
加热器(除霜器)		直流电动机	M	霍尔信号传感器	
空气调节器		起动机(带电磁开关)	M	磁感应信号传感器	
稳压器	U Const	燃油泵电动机、洗涤电动机	M	电磁阀一般符号	
				常开电磁阀	
				常闭电磁阀	

2. 导线的标记

汽车线束是汽车电路的网络主体,连接汽车的各部分电子元器件并使之发挥功能,作用重大,素有汽车血管之称。在目前,不管是高级豪华汽车还是经济型普通汽车,线束编成的形式基本上是一样的,都是由导线、插接器和包裹胶带组成。

汽车导线又称低压导线,它与普通家用电线是不一样的。普通家用电线是铜质单芯电线,有一定硬度。而汽车导线都是铜质多芯软线,有些软线细如毛发,几条乃至几十条软铜线包裹在塑料绝缘管(聚氯乙烯)内,柔软而不容易折断。

随着汽车功能的增加,电子控制技术的普遍应用,电气件越来越多,导线也会越来越多,线束也就变得越粗越重。因此先进的汽车就引入了 CAN 总线配置,采用多路传输系统。与传统线束比较,多路传输装置大大减少了导线及联插件数目,使布线更为简易。

在汽车电路图中,每根导线都有标记,如导线上标有 W/R,则表示该导线为白色基色带红色条纹的导线。由于各国家的母语不同,故标记有所不同。我国与美国、日本等国均采用英文字母缩写形式,而德国则采用德文字母。电路图中导线的颜色代号参见表1-1。

随着汽车用电设备的增多,导线的数量也不断增加,为了维修及安装方便,除各线束间的插接器不同外,各用电设备之间线束中的导线颜色也是不同的。这样当汽车电路出现故障时,根据电路图上导线的标注,就可以很方便地从线束中找到相应的导线。

二、电路图的识读方法

汽车全车电路图一般较为复杂,在利用全车电路图进行电气系统分析时,首先应看全车电路图,对全车电路有大致了解后,再根据各个系统的工作原理分析电路系统的故障,这样才能准确及时地将故障排除。

1. 回路原则

对于全车电路而言,所有用电设备都是并联的,任何一个电路系统都是一个完整的电气系统,即闭合回路。它包括电源、开关、熔断器、用电设备、导线等,并从电源正极→熔断器→开关→用电设备→搭铁→电源负极。

2. 注意火线与搭铁线

同一电路中可能有多条火线,但有的火线与蓄电池正极直接相连;而有的火线由点火开关控制,只有点火开关接通后,该火线才能有电流;还有的火线经继电器等控制。在电路图中有很多搭铁线,但搭铁部位不同。

3. 注意继电器和用电设备的开关

多数开关控制火线,而有些开关则控制搭铁线。有些继电器和开关的触点是常开的,而有些继电器和开关的触点是常闭的。

三、电路识读实例(以丰田卡罗拉汽车电路图的识读为例)

对汽车电路故障进行故障排除时,首先要了解故障电路的工作原理,看懂汽车生产厂家编写的电路图。下面以丰田卡罗拉汽车电路图为例,说明电路图的识读方法,见图1-20所示。

项目一 汽车电气设备的基础知识

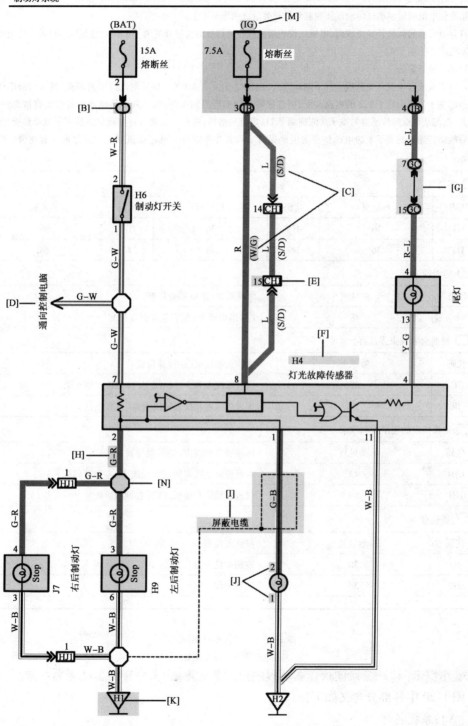

a)

[O]系统概述

　　始终使电流通过制动灯熔断丝加到制动灯开关总成的端子2上。

　　打开点火或起动机开关总成时,电流从仪表熔断丝流到灯故障传感器的端子8,同时也流经后灯警告灯至灯故障传感器的端子4。

　　制动灯断开警告

　　打开点火或起动机开关总成并踩下制动踏板(制动灯开关总成ON),如果制动灯电路断路,且从灯故障传感器的端子7流到端子1,2的电流改变,则灯故障传感器检测到断开,且灯故障传感器的警告电路被激活。因此,电流从灯故障传感器的端子4流到端子11,再流到搭铁,并使后灯警告灯亮起。通过踩下制动踏板,流到灯故障传感器的端子8的电流使警告电路保持ON,并在关闭点火或起动机开关总成之前一直使警告灯亮起。

[P]○:零件位置

代码	参见页	代码	参见页	代码	参见页
H4	36	H7	36	H17	38
H6	36	H9	38	J7	38

[Q]○:继电器盒

代码	参见页	继电器盒(继电器盒位置)
1	18	1号继电器盒(仪表板左侧支架)

[R]○:接线盒和线束连接器

代码	参见页	接线盒和线束(连接器位置)
3C	22	仪表板线束和3号接线盒(仪表板左侧支架)
IB	20	仪表板线束和仪表板接线盒(下装饰板)

[S]□:连接线束的连接器和线束

代码	参见页	连接线束和线束(连接器位置)
CH1	42	发动机室主线束和仪表板线束(左侧踏脚板)
HJ1	50	仪表板线束和地板线束(右侧踏脚板)

[T]▽:搭铁点

代码	参见页	搭铁点位置
H1	50	左侧中柱下方
H2	50	背板中间

b)

图1-20 卡罗拉电路图识读

a)电路图;b)相关说明

◇小提示:＊此系统图仅作参考样图,与"系统电路"章节中的实际电路不同。

图1-20中各部分含义如下:

[A]:系统名称。

[B]:表示继电器盒。无阴影表示且仅显示继电器盒号以区别接线盒。

例:①表示1号继电器盒。

[C]:当车辆型号、发动机类型或规格不同时,用( )来表示不同的配线和连接器。

[D]:表示相关系统。

[E]:表示用以连接两根线束的(阳或阴如图1-21所示)连接器的代码。该连接器代码由两个字母和一个数字组成。

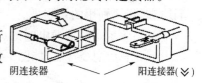

图1-21 线束连接器

连接器代码的第一个字符表示指示带阴连接器的线束的字母代码,第二个字符表示带阳连接器的线束的字母代码。第三个字母表示在出现多种相同的线束组合时,用于区分线束组合的系列号(如 CH1 和 CH2)。符号(⩒)表示阳端子连接器。连接器代码外侧的数字表示阳连接器或阴连接器的引脚编号。

[F]:表示零件(所有零件用天蓝色表示)。此代码与零件位置图中所用的代码相同。

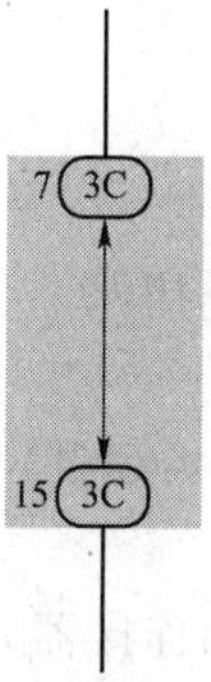

[G]:接线盒(圈内的数字是接线盒号,旁边为连接器代码,如图1-22所示),图中3C表示它在3号接线盒内部。接线盒用阴影标出,以便将它与其他零件清楚地区别开来。

[H]:表示配线颜色。配线颜色用字母表示。如:B:黑色,W:白色,BR:褐色,L:蓝色,V:紫色,SB:天蓝色,R:红色,G:绿色,LG:浅绿色,P:粉色,Y:黄色,GR:灰色,O:橙色。

第一个字母表示基本配线颜色,第二个字母表示条纹的颜色,如图1-23所示为电线基本配线为蓝色,条纹颜色为黄色表示方法。

[I]:表示屏蔽电缆,是在电缆周围屏蔽绝缘来减少电磁干扰的一种特殊电缆,可以使外界电磁辐射及磁场辐射直接入地而对内层电线不产生干扰。屏蔽电缆有两层屏蔽层,网状编织线是防磁场辐射的,铝箔层是用来防电磁辐射的,如图1-24所示。

图1-22 系统图中接线盒的表示

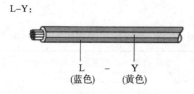

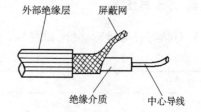

图1-23 系统图导线的颜色的表示

图1-24 屏蔽电缆

[J]:表示连接器引脚的编号。

阳连接器和阴连接器的编号系统各异,如图1-25所示。

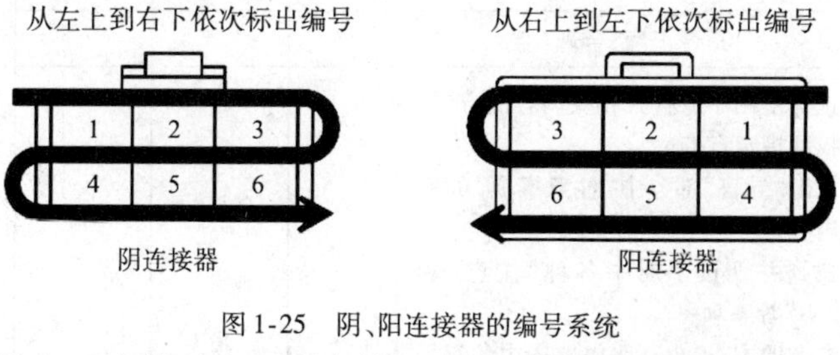

图1-25 阴、阳连接器的编号系统

[K]:表示搭铁点。该代码由两个字符组成:一个字母和一个数字。

该代码的第一个字符表示指示线束的字母代码。第二个字符表示在同一线束有多个搭铁点时作区别用的系列号。

［M］：表示熔断器通电时的点火开关位置。

［N］：表示配线接点，如图1-26所示。

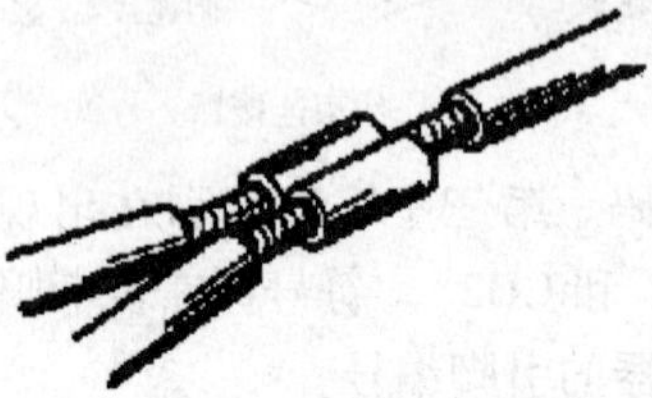

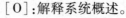

［O］：解释系统概述。

［P］：显示系统电路中的零件在车辆上的位置的参考页码。

例：零件"H4"（灯故障传感器）。该代码的第一个字符表示指示线束的字母，第二个字符表示与线束连接的零件的系列号。

图1-26　导线的配线接点

［Q］：显示系统电路中的继电器盒连接器在车辆上的位置的参考页码。

例：在手册中描述了连接器"1"，它被安装在仪表板的左侧。

［R］：显示系统电路中的接线盒和线束在车辆上的位置的参考页码。

例：连接器"3C"连接仪表板线束和3号接线盒。在手册中描述了此连接器，它被安装在仪表板的左侧。

［S］：显示描述线束和线束连接器（首先显示阴连接器线束，然后显示接头线束）的参考页码。

例：连接器"CH1"连接发动机舱主线束（阴连接器）和仪表板线束（阳连接器）。它被安装在左侧踏脚板上。

［T］：显示车辆上搭铁点位置的参考页码。

例：搭铁点"H2"位于背板中间。

四、评价与反馈

1. 对学习任务进行评价，如表1-7所示。

学习任务评分表　　　　　　　　　　　　　　　表1-7

考核项目	评分标准	分数	学生自评	小组互评	教师评价	小计
团队合作	是否和谐	5				
活动参与	是否积极主动	5				
安全生产	有无安全隐患	10				
现场5S	是否做到	10				
任务方案	是否正确、合理	15				
操作过程	正确使用手册查找相关内容的方法；找到指定章节；说出"导言"部分中"注意事项"的所有内容；找到并朗读手册中各种"注意"和"小心"等事项；参考课本，说出一张电路图中各符号的含义；	30				

项目一 汽车电气设备的基础知识

续上表

考核项目	评分标准	分数	学生自评	小组互评	教师评价	小计
任务完成情况	是否圆满完成	5				
工具和设备使用	是否规范、标准	10				
劳动纪律	是否严格遵守	5				
工单填写	是否完整、规范	5				
总分		100				
教师签写：		年　月　日			得分	

2. 同学之间能否进行《卡罗拉维修手册》各系统的查找与翻阅？

项目二　蓄电池的结构与更换

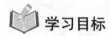

学习目标

完成本项目学习后,你应能:
1. 知道蓄电池的结构组成及正确使用;
2. 明确蓄电池的型号含义和选用原则;
3. 分析比较不同类型蓄电池的结构特点;
4. 在教师指导下,规范地完成蓄电池的更换。

建议课时:6课时

课题一　蓄电池的结构与正确使用

蓄电池是一种可逆的低压直流电源,它既能将化学能转换为电能,也能将电能转换为化学能。卡罗拉1ZR-FE轿车用蓄电池在实车上的位置,如图2-1所示。

图2-1　卡罗拉1ZR-FE轿车蓄电池在车上的安装位置

一、蓄电池的作用

(1)发动机起动时,向起动机提供强大的起动电流,并同时向点火系统等用电设备供电。

(2)发电机电压过低时,向用电设备和交流发电机的励磁绕组供电。

(3)发电机电压高于蓄电池电动势时,将多余电能转换为化学能储存起来。

(4)发电机过载时,协助发电机向用电设备供电。

(5)它还相当于一个大的电容器,吸收电路中出现的瞬间过电压,保持汽车电系电压稳定,保护电子元件。

二、普通蓄电池的结构

普通铅蓄电池一般由三只或六只单格电池串联而成,每只单格电池的电压约2V,串联后蓄电池的电压为6V或12V。它主要有极板、隔板、电解液、外壳、联条、极桩等组成,其结构如图2-2所示。

1. 极板

极板是蓄电池的核心部件,由栅架和活性物质组成。它可分为正极板和负极板两种。将涂上铅膏后的极板先经热风干燥,再放入稀硫酸中进行充电便得到正极板和负极板。正极板上的活性物质为深棕色的二氧化铅(PbO_2);负极板上的活性物质为深灰色的海绵状纯铅(Pb)。在充放电的过程中,极板上的活性物质与电解液反应,完成蓄电池的充放电化学反应。

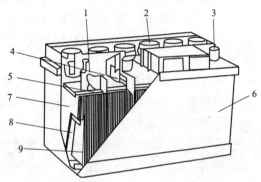

图2-2 蓄电池的结构
1-负极桩;2-加液孔盖;3-正极桩;4-穿壁连接;
5-汇流条;6-外壳;7-负极板;8-隔板;9-正极板

为了增大容量,将多片正、负极板分别并联,用汇流条(横板)焊接起来便分别组成正、负极板组。安装时各片正、负极板相互嵌合,中间插入隔板后装入蓄电池单格内,便形成单格电池。

◇**小提示**:为防止正极板放电不均匀造成极板拱曲而使活性物质脱落,因此在每个单格中,负极板的数量总比正极板多一片。

2. 隔板

为避免相邻正、负极板彼此接触而短路,正负极板之间要用绝缘隔板隔开。隔板材料应具有多孔性,以利于电解液渗透,减小蓄电池内阻;其化学稳定性要好,具有耐酸和抗氧化性。现代汽车多采用微孔塑料隔板。隔板的一面带有沟槽,安装时应将有沟槽的一面朝向正极板。

3. 电解液

电解液的作用是形成电离,使极板上的活性物质与电解液反应,完成蓄电池的充、放电过程。它由纯净的硫酸与蒸馏水按一定比例配制而成。

电解液的密度一般在1.23~1.30g/cm^3之间。使用时应根据地区、气候条件和制造厂的要求而定,见表2-1所示。

适应不同气温的电解液密度　　　　　　　　表2-1

使用地区最低温度/℃	冬季/(g/cm³)	夏季/(g/cm³)
< -40	1.31	1.27
-30 ~ -40	1.29	1.25
-20 ~ -30	1.28	1.25
0 ~ 20	1.27	1.24

◇小提示：配制电解液时必须穿防护用具，将稀硫酸用玻璃棒引流慢慢倒入水中，且均匀搅拌。切记绝不可将水倒入硫酸中，否则硫酸会飞溅伤人。

4. 外壳

外壳用来盛放电解液和极板组，使蓄电池构成一个整体。现代汽车用蓄电池一般用透明工程塑料制成外壳，不仅耐热、耐酸、耐震，而且强度好、韧性好，壳体可以做得很薄，其壁厚仅为3.5mm，电解液的高度和极板组的大体状况从外面就能清晰的观察到，便于对蓄电池的检查和维护。

壳体为整体式结构，内有6个互不相通的单格，底部有凸起的筋条以搁置极板组。每个单格的盖子中间有加液孔，可以用来检查液面高度，测量电解液的密度和加注电解液，加液孔平时用孔盖拧紧。

◇小提示：每个加液孔盖中心都有通气孔和大气相通，应经常保持通气孔畅通，以防电池爆炸。

5. 极桩

极桩用来与外部电路连接接线，分为正极桩和负极桩。正极桩标"+"或涂红色，负极桩标"-"或涂蓝色、绿色等。

6. 联条

联条的作用是将单格电池串联起来，以提高整个蓄电池的端电压。普通蓄电池的联条是外露的，用铅材料铸造而成；而新型蓄电池的联条在内部，多采用穿壁式或跨接式结构。如图2-3所示。

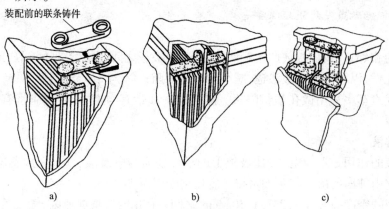

图2-3　蓄电池的联条
a) 传统外露式；b) 穿壁式；c) 跨接式

三、免维护蓄电池的结构

1. 免维护蓄电池的结构

与普通铅蓄电池相比,免维护蓄电池的结构有以下特点:

(1) 极板栅架采用铅钙合金或低锑合金(含锑2%~3%),减少了析气量,耗水量。同时自行放电也大大减少,使用寿命延长。

(2) 采用袋式聚氯乙烯隔板,将正极板包住,可保护正极板活性物质不致脱落,并防止极板短路。

(3) 通气孔采用新型安全通气装置,可避免蓄电池内的酸气与外部火花直接接触,以防爆炸。通气塞中装有催化剂钯,帮助排出的氢氧离子结合生成水再回到蓄电池中去,减少了水的消耗。这种新型通气装置还可使蓄电池顶部和接线柱保持清洁,减少了接头的腐蚀。

(4) 单格电池间采用穿壁式连接,减小了内阻,提高了起动性能。

(5) 外壳为聚丙烯塑料热压而成,壳底没有凸肋,极板组直接坐落在蓄电池底部,这样可使极板上部容积增大,电解液储量增大,且壳体内壁薄,与同容量电池相比,重量轻,体积小。

(6) 很多免维护蓄电池设有内装式电解液密度计,如图2-4所示。其内部装有一颗能反光的绿色玻璃小球,随着电解液相对密度及液面高度浮动,从玻璃观察孔中可以看到代表蓄电池不同状态的颜色。若电解液液面正常、相对密度在1.22以上(放电不超过25%),绿色小球升至玻璃棒下端并与之接触,此时能看见绿色,表明电池良好;若电解液液面正常、相对密度过低(放电已超过25%),绿色小球沉入笼子底部,此时看不见绿色小球,看到的是深绿色(或黑色);若电解液液面已下降到低于密度计,从玻璃孔看到的是淡黄色,表明该蓄电池已损坏,应更换,并检查发电机充电电压是否过高。

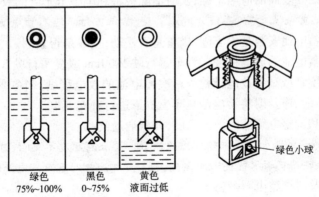

图2-4 内装式电解液密度计示意图

2. 免维护蓄电池的优点

(1) 免维护蓄电池合理使用过程中不需添加蒸馏水,短途运输车辆可行驶8万km,长途载货车可行驶40~80万km而不需维护,使用方便。

(2) 极桩腐蚀极轻或没有腐蚀。

(3) 使用寿命长,一般在4年左右,几乎是普通蓄电池的2倍。

(4)蓄电池自行放电少,使用或储存时不需进行补充充电。

四、铅蓄电池的工作原理

铅蓄电池的充放电过程就是化学能与电能相互转化的过程:当蓄电池向外供电时,将化学能转化为电能;而当蓄电池与外部直流电源相连进行充电时,将电能转化为化学能。其电化学反应是可逆反应,可用如下总的反应方程式表示:

$$PbO_2 + 2H_2SO_4 + Pb \underset{充电}{\overset{放电}{\rightleftharpoons}} 2PbSO_4 + 2H_2O$$

五、蓄电池的正确使用和维护

1. 蓄电池的正确使用

(1)蓄电池不能长时间大电流放电,不能频繁和长时间使用起动机。

◇小提示:在实际使用中必须严格控制起动时间,每次起动的时间不得超过5s,连续两次起动应间隔15s以上。

(2)不能大电流或过电压充电。

◇小提示:当充电电压升高10%~12%时,蓄电池的寿命将缩短2/3。

(3)尽量避免蓄电池过放电和长期处于亏电状态下工作。

◇小提示:放完电的蓄电池应在24h内及时充电。

(4)冬季应注意保持蓄电池处于充足电状态,以免电解液密度降低而结冰,引起外壳破裂、极板弯曲和活性物质脱落等故障。冬季向蓄电池内补加蒸馏水时,必须在蓄电池充电前进行,以免水和电解液混合不均而引起结冰。

◇小提示:冬季在不致结冰的前提下,应尽量采用稍低密度的电解液。

2. 蓄电池的维护

(1)保持蓄电池外表面的清洁干燥,及时清除极桩和电缆卡子上的氧化物。

◇小提示:清洗蓄电池之前,要拧紧加液孔盖,防止苏打水进入蓄电池内部。

(2)经常检查蓄电池安装是否牢固,极桩是否松动,接线是否紧固。

(3)经常检查蓄电池的放电程度。汽车每行驶1000km或夏季行驶5~6天,冬季行驶10~15天,应用密度计或高率放电计检查一次蓄电池的放电程度,当冬季放电超过25%,夏季放电超过50%时,应及时将蓄电池从车上拆下进行补充充电。

(4)定期检查和调整电解液的液面高度,并疏通通气孔。

◇小提示:电解液的液面高度必须高出极板10~15mm,高度不足时,添加蒸馏水至外壳标示的最高线;若液面降低确系倾倒溅出造成,应补加相应相对密度的电解液并充电调整。

(5)根据季节及时调整电解液密度。

课题二 蓄电池的型号与选用

一、蓄电池的分类

蓄电池的种类很多,按使用的电解液不同可分为酸性蓄电池和碱性蓄电池;按电极材料不同可分为铅蓄电池和铁镍、铬镍蓄电池等。铅蓄电池由于结构简单、价格便宜、内阻小、可以短时间供给起动机强大的起动电流而被广泛采用。铅蓄电池又可以分为普通铅蓄电池、干荷电铅蓄电池、湿荷电铅蓄电池和免维护铅蓄电池,如图2-5所示。表2-2列出了几种汽车常用铅蓄电池的特点。

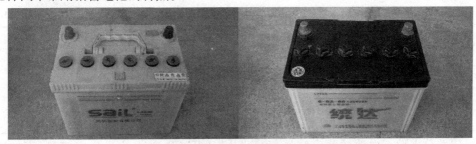

a)

b)

图2-5　铅蓄电池

a)干荷电式铅蓄电池；b)免维护蓄电池

几种汽车常用铅蓄电池的特点　　　　　　　　　　表2-2

类　型	特　　点
普通铅蓄电池	新蓄电池的极板不带电,使用时需要按规定加注电解液并进行初充电,初充电时间较长,使用中需要定期维护
干荷电铅蓄电池	新蓄电池的极板处于干燥的已带电状态,电池内部无电解液。在规定的保存期内,如需使用,只需按规定加入电解液,静置20～30min 即可使用,使用中需要定期维护
湿荷电铅蓄电池	新蓄电池的极板处于已充电状态,电池内部带有少量电解液。在规定的保存期内,如需使用,只需按规定加入电解液,静置20～30min 即可使用,使用中需要定期维护
免维护蓄电池	使用中不需维护,可用3～4年不需补加蒸馏水,极桩腐蚀极少,自放电少

二、蓄电池的型号

按照 JB/T2599—1993《起动型铅蓄电池标准》的规定,国产蓄电池的型号由三个部分组成,各部分之间用破折号分开,其排列及含义如下。

I	II		III	
串联单格电池数	蓄电池类型	蓄电池特征	额定容量	特殊性能

第一部分表示串联的单格电池数,用阿拉伯数字表示。

第二部分表示蓄电池的类型,用汉语拼音字母表示。Q 表示起动用铅蓄电池;M 表示摩托车用铅蓄电池。

蓄电池的特征,用汉语拼音字母表示。有两种特征时,按下表顺序将两个代号并列标示,各代号含义见表 2-3 所示。

铅蓄电池特征代号　　　　　　　　　表 2-3

特征代号	蓄电池特性	特征代号	蓄电池特性	特征代号	蓄电池特性
A	干荷电	J	胶体电解液	D	带液式
H	湿荷电	M	密封式	Y	液密式
W	免维护	B	半密封式	Q	气密式
S	少维护	F	防酸式	I	激活式

第三部分表示蓄电池的额定容量,我国目前采用 20h 放电率的额定容量,不带容量单位。

蓄电池的特殊性能,用汉语拼音字母表示。G 表示高起动率;S 表示塑料槽;D 表示低温起动性能好。

例如:6-QAW-100 表示由 6 个单格电池组成,额定电压为 12V,额定容量为 100A·h 的起动型干荷电免维护蓄电池。

三、蓄电池的选用

汽车蓄电池的选用,要先选"型",再选"号"。即首先要选起动型,再选电压和容量。它主要是根据起动机要求的电压和容量选择,一般应满足连续起动三次以上的要求。每车尽量选用一个蓄电池,实在不行,才选用两个蓄电池。若电压不够,可采用两个蓄电池串联,每个蓄电池的电压为总电压的一半。

◎小提示:切记新旧蓄电池不能混用。

拓展学习——废旧蓄电池的处理

废旧铅酸蓄电池回收和铅的再利用对于节约铅资源、加强环境保护和实施可持续发展战略具有重要意义。但其在回收和再利用过程中如果处理不好,必然产生新的污染源,给环境和人体健康造成极大的危害。

废旧铅酸蓄电池的回收途径主要有三种,一是蓄电池制造厂商通过其销售渠道回收;二是废料商收集;三是政府支持建立废旧铅酸蓄电池回收组织。具体做法有三种方式:一是以旧换新;二是抵押金制度;三是征收环保税。

国外先进的废旧铅酸蓄电池回收技术和设备,应用机械化、自动化程度高的破碎分选系统,将蓄电池的壳体(塑料或硬橡胶)、铅(极棚、极柱、汇流排的铅合金)、隔板(PVC 或 PE、微孔硬橡胶、玻璃纤维等)、稀硫酸、铅膏(硫酸铅、氧化铅)分选,合金铅经熔炼、精炼为精铅,铅膏经脱硫处理后再熔炼、精炼为精铅,铅的回收率高达 95% 以上。

为了国民经济的稳定、快速、健康发展,防止铅对环境的污染,提高铅资源的合理有效利用程度,实施可持续发展战略,专家建议:

(1)建立完善的废旧铅酸蓄电池回收渠道。从事铅酸蓄电池销售、汽车、摩托车、电动自行车、铁路客车、沿海内河船舶、电讯电源设备等修理和拆解的单位,是法定的以旧换新的回收废旧铅酸蓄电池单位。上述单位和其他废旧铅酸蓄电池回收组织,不得自行解体回收的废旧铅酸蓄电池;不准将稀硫酸(电解液)倒入下水道、河道和土壤中;不准露天堆放,以防雨水冲刷使铅酸等有害物质流入水体和土壤。

(2)加强转运管理。废旧铅酸蓄电池转运时,必须正置,并拧紧排气栓(液孔栓),且有防雨措施,以防稀硫酸外溢和洒落,提倡并推广使用托盘包装运输。

(3)对再生铅加工企业实施许可证制。国家有关部门制订再生铅加工企业许可证管理办法。应要求企业规模在年产再生铅1万吨以上;加工过程应有完善的环保设施和有效的措施;铅尘、烟气、污水排放应达到国家相应标准;生产人员应享受劳保用品和保健费,并定期体检,企业负责治疗铅中毒人员。凡规模以下和污染物排放达不到标准的企业一律关闭。

(4)鼓励再生铅加工企业展开跨地区联合、兼并、资产重组,提高行业集中度。凡经实施联合兼并和资产重组,规模扩大20%~30%者,给予一定的税收优惠。

(5)鼓励投资建设年加工处理5万吨以上废旧铅酸蓄电池、采用或引进无污染再生铅加工技术和设备,选址合理的再生铅加工企业。经政府审批,给予一定的资金支持,并减免所得税,以增强规模化先进企业的示范作用,促进再生铅加工业的集中化进程。

课题三　蓄电池的更换

一、作业前的准备

1. 工具、设备和材料的准备

卡罗拉轿车及其维修手册、组合扳手、扭力扳手、钳子、螺丝刀、温度计、万用表等。

2. 作业前场地和车辆的准备

(1)汽车进入工位前,将工位清理干净,准备好相关的器材。

(2)将汽车停驻在工位中央位置。

(3)拉紧驻车制动器操纵杆,并将变速杆置于空挡(N挡)或驻车挡(P挡)位置,如图2-6所示。

(4)套上转向盘护套、变速杆手柄套和座位套,铺设脚垫,如图2-7所示。

图2-6　挂入空挡或P挡

图2-7　套上各个护套

(5)在车内拉动发动机舱盖手柄,在车外打开并支撑发动机舱盖,如图2-8所示。

(6)粘贴翼子板和前脸磁力护裙,如图2-9所示。

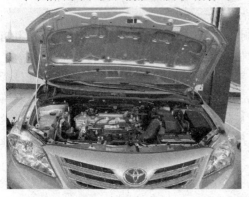

图2-8 支撑发动机舱盖

图2-9 贴上防护裙

二、蓄电池的更换

1. 拆卸蓄电池的电缆线夹

先拆负极桩上的电缆夹1,后拆正极桩上的电缆夹2,如图2-10所示。

2. 拆卸蓄电池

(1)按1-2-3的顺序拆卸蓄电池压板,如图2-11所示。

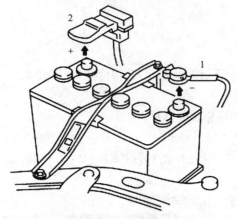

图2-10 蓄电池电缆拆卸顺序
1-负极电缆夹;2-正极电缆夹

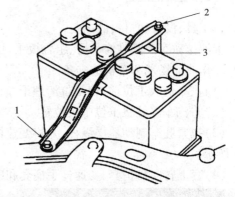

图2-11 蓄电池压板拆卸方法

(2)取出蓄电池,如图2-12所示。

3. 检查、清洗蓄电池

(1)清洗蓄电池。清洗时除了清水外,还可以使用碳酸氢钠溶液。

(2)清洁蓄电池极桩。可以用刮刀和钢丝刷,还可以用砂纸除去蓄电池极桩上的脏物或锈蚀。

(3)检查蓄电池是否漏电。

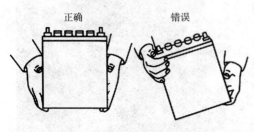

图2-12 取出蓄电池的正确方法

(4)清理电缆夹。

4. 检查蓄电池外壳

如果蓄电池外壳有裂纹或变形,应更换蓄电池。

5. 安装蓄电池

在确定待用蓄电池符合本型汽车使用后,按图2-13所示的方法和顺序安装蓄电池压板。

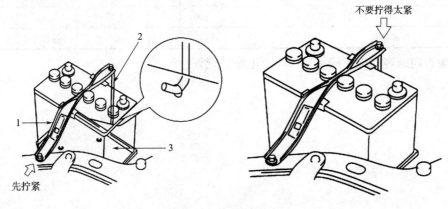

图2-13 压板螺栓安装方法

◇小提示:注意压板螺栓与螺母不要拧得过紧,否则会拧弯蓄电池压板,或损坏蓄电池外壳。

6. 连接蓄电池电缆线

连接电缆夹时,应先在夹头上涂上凡士林或润滑脂,避免极桩和夹头腐蚀,便于以后拆卸。先接正极桩上的电缆,后接负极桩上的电缆,保证蓄电池的负极搭铁。

◇小提示:目前很多车辆的ECU带有记忆功能,对于此类车辆,在拆蓄电池电缆之前,应先读取(或打印)故障码、设定参数和密码等信息。注意点火开关接通时严禁拆卸蓄电池。

三、评价与反馈

1. 对学习任务进行评价,如表2-4所示。

学习任务评分表　　　　　　表2-4

考核项目	评分标准	分数	学生自评	小组互评	教师评价	小　计
团队合作	是否和谐	5				
活动参与	是否积极主动	5				
安全生产	有无安全隐患	10				
现场5S	是否做到	10				
任务方案	是否正确、合理	15				
操作过程	蓄电池的查找与连接 拆卸蓄电池 安装蓄电池	30				
任务完成情况	是否圆满完成	5				

续上表

考核项目	评分标准	分数	学生自评	小组互评	教师评价	小 计
工具和设备使用	是否规范、标准	10				
劳动纪律	是否能严格遵守	5				
工单填写	是否完整、规范	5				
	总分	100				
教师签写：		年　月　日			得分	

2. 能否向顾客提出正确更换汽车蓄电池的建议？

项目三　发电机的结构与拆装

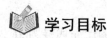**学习目标**

完成本项目学习后，你应能：
1. 叙述发电机的作用、分类和型号；
2. 知道普通交流发电机的结构组成和工作原理；
3. 分析集成电路调压器的作用和工作原理；
4. 在教师指导下，规范地完成发电机的拆装。

建议课时：10 课时

课题一　发电机的结构与工作原理

一、发电机的作用、分类和型号

1. 发电机的作用

发电机是汽车的主要电源，其功用是在发动机正常运转时，向除起动机外的所有用电设备供电，同时给蓄电池充电。卡罗拉轿车发电机在车上的安装位置如图3-1所示。

图3-1　卡罗拉轿车发电机在车上的安装位置

2. 发电机的分类

按总体结构不同可分为：普通交流发电机、整体式交流发电机、带泵式交流发电机、无刷式交流发电机、永磁式交流发电机。

按整流器结构不同可分为:6管交流发电机、8管交流发电机、9管交流发电机、11管交流发电机。

按励磁绕组搭铁形式不同可分为:内搭铁型交流发电机和外搭铁型交流发电机。

3.发电机的型号

根据国标《汽车电气设备产品型号编制方法》(QC/T 73-1993)规定,汽车交流发电机的型号编制规则如下:

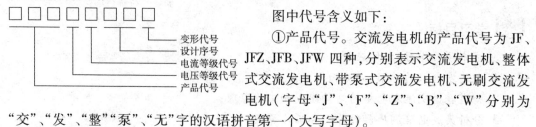

图中代号含义如下:

①产品代号。交流发电机的产品代号为JF、JFZ、JFB、JFW四种,分别表示交流发电机、整体式交流发电机、带泵式交流发电机、无刷交流发电机(字母"J"、"F"、"Z"、"B"、"W"分别为"交"、"发"、"整""泵"、"无"字的汉语拼音第一个大写字母)。

②电压等级代号。用一位阿拉伯数字表示,"1"代表12V,"2"代表24V。

③电流等级代号。含义如表3-1所示。

电流等级代号　　　　　　　　　　　　　　表3-1

电流等级代号	1	2	3	4	5	6	7	8	9
电流(A)	≤19	≥20~29	≥30~39	≥40~49	≥50~59	≥60~69	≥70~79	≥80~89	≥90

④设计序号。按产品设计先后顺序,用一或两位阿拉伯数字表示。

⑤变形代号。交流发电机以调整臂位置作为变形代号。从驱动端看,调整臂在中间的不加标记,在左边时用Z表示,在右边时用Y表示;若发电机逆时针旋转,则最后一个字母用N表示。

例如:桑塔纳轿车用JFZ1913Z型交流发电机,其电压等级为12V,电流等级为大于90A,第13次设计,调整臂在左边的整体式交流发电机。

二、普通交流发电机的结构

普通交流发电机主要由转子总成、定子总成、整流器、电刷组件、前后端盖、风扇及皮带轮等组成。其结构如图3-2所示。

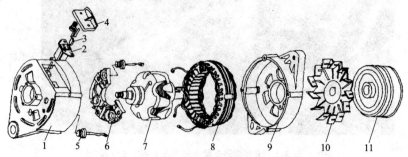

图3-2 普通交流发电机分解图

1-后端盖;2-电刷架;3-电刷;4-电刷弹簧压盖;5-硅二极管;6-散热板;7-转子;8-定子总成;9-前端盖;10-风扇;11-皮带轮

1. 转子总成

转子总成由转子轴、磁轭、励磁绕组、爪形磁极和滑环组成,如图3-3所示。其作用是产生磁场。两块六爪磁极压装在转子轴上,爪极的空腔内装有导磁用的铁芯(也称磁轭),铁芯上绕有励磁绕组,励磁绕组的两根引线分别焊在与轴绝缘的两个滑环上。当发电机工作时,两电刷与直流电源连通,可为励磁绕组提供定向电流并产生轴向磁通,使两块爪极被分别磁化为N极和S极,从而形成犬牙交错并沿圆周方向均匀分布的6对磁极,当转子转动时,就形成了旋转的磁场。

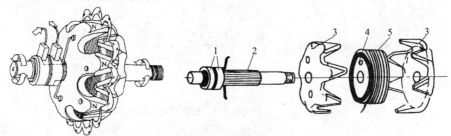

图3-3 转子总成
1-滑环;2-转子轴;3-爪极;4-转子铁芯;5-磁场绕组

2. 定子总成

定子总成由定子铁芯和定子绕组组成,如图3-4所示,其作用是产生三相交流电动势。定子铁芯一般由相互绝缘且内圆带嵌线槽的圆环状硅钢片叠成,嵌线槽内对称的嵌入三相定子绕组。三相定子绕组有星形(Y)接法和三角形(Δ)接法两种,一般硅整流发电机的定子绕组都用星形接法,只有少数大功率发电机采用三角形接法。

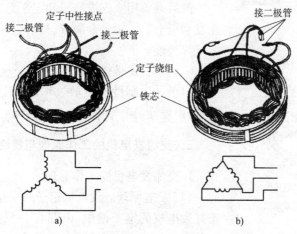

图3-4 交流发电机定子总成及连接方式
a)定子绕组星形连接;b)定子绕组三角形连接

3. 整流器

整流器的作用是将定子绕组产生的三相交流电转换为直流电。它由整流板和整流二极管组成,如图3-5所示。交流发电机的整流器大多由6只硅二极管组成。引出线为正极、外壳为负极的二极管称为正极管,管壳底上有红色标记;引出线为负极、外壳为正极的二极管称为负极管,管壳底上有黑色标记。所有正极管的负极连在一起形成发电机的正极,该接柱即为发电机的正极,标记为"B"("+"、"A"或"电枢");所有负极管的正极通过负整流板连在一起形成发电机的负极。

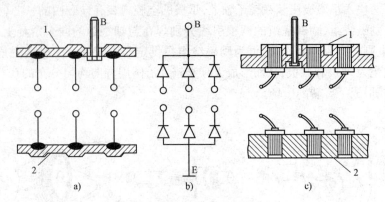

图 3-5　交流发电机整流二极管安装示意图
a)焊接式;b)电路图;c)压装式
1—正整流板;2—负整流板

4. 电刷组件

电刷组件由电刷、电刷架和电刷弹簧组成,如图 3-6 所示。

电刷的作用是将电源通过滑环引入励磁绕组。两个电刷分别装在电刷架的孔内,借助弹簧压力与滑环保持接触。

5. 前后端盖

前后端盖用来支撑转子和定子总成,并用固定架安装在发动机上。由铝合金制成,具有轻便、减少漏磁、散热性能好等特性。

6. 风扇与皮带轮

风扇起强制性通风散热作用。皮带轮装在转子轴的前端,由发动机曲轴带轮驱动其转动。

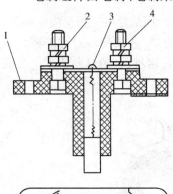
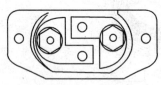

图 3-6　电刷组件
1—电刷架;2、4—励磁绕组接线柱;3—弹簧

三、交流发电机的工作原理与特性

1. 交流发电机的工作原理

(1)发电原理。发电机定子的三相绕组按一定规律分布在发电机的定子槽中,内部有一个转子,转子上安装着爪极和励磁绕组。如图 3-7 所示,当外电路通过电刷使励磁绕组通电时,便产生磁场,使爪极被磁化为 N 极和 S 极。当转子旋转时,磁通交替地在定子绕组中变化,根据电磁感应原理可知,定子的三相绕组中便产生交变的感应电动势。其电压波形见图 3-8b)。

(2)整流原理。不同形式的发电机,整流器二极管的数量也不相同。

① 普通(六管)整流器。普通的整流器电路如图 3-8a)所示。它是利用二极管的单向导通性,通过桥式整流电路,将电枢绕组产生的三相交流电转换为直流电。三相桥式整流电路中二极管的依次循环导通,其导通原则是:正极端电位最高者导通,负极端电位最低

者导通。发电机的输出端 B、E 上就输出一个脉动直流电压,如图 3-8c)所示,负载 R 两端就得到一个比较平稳的脉动直流电压。

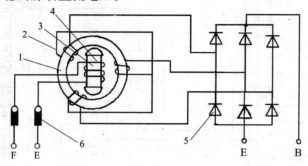

图 3-7 交流发电机发电原理示意图
1-定子铁芯;2-定子绕组;3-转子;4-励磁绕组;5-整流二极管;6-电刷

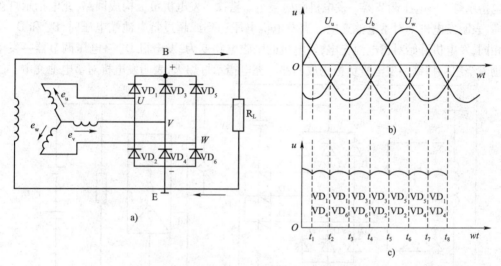

图 3-8 交流发电机整流原理
a)整流电路;b)三相绕组电压波形图;c)整流后发电机输出

有些发电机将三相绕组的中性点引出,标为"N"接线柱,它相对发电机外壳的电压称为中性点电压。一般可用来控制具有各种用途的继电器,如磁场继电器、充电指示灯继电器、起动复合继电器等。其输出电压 U_N 为三个负极管子整流后得到的直流电压 U 的一半,即 $U_N = 1/2U$。

②八管整流器。八管整流器电路如图 3-9 所示。其作用是对中性点处的高次谐波进行整流,并将其输出电流叠加在输出端,以提高发电机的输出功率,因此被称为中性点二极管。实践证明,发电机接入中性点二极管后,当发电机转速达到 5000r/min 时,功率可提高 10%~15%。

③九管整流器。九管整流器电路如图 3-10 所示,它是在六管整流器的基础上增加了三只较小功率的正极管,形成另外一个三相桥式整流电路,用来输出发电机的励磁电流,因此这三个二极管被称为励磁二极管。采用九管整流器的目的是控制充电指示灯电路,其原理是:发电机不发电或其电压低于蓄电池端电压时,发电机的励磁电路由蓄电池→点火开关 SW→

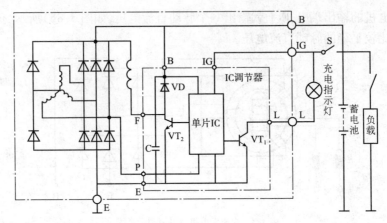

图3-9　带中性点二极管的整流器电路图

充电指示灯L→电压调节器→发电机励磁绕组→搭铁→发电机负极构成回路,充电指示灯被点亮,表明发电机不对蓄电池充电。当发电机电压达到或超过蓄电池端电压时,B_+和D_+电位相同,发电机开始对蓄电池充电,发电机的励磁电路变为:发电机D_+→电压调节器→发电机励磁绕组→搭铁→发电机负极构成回路。充电指示灯熄灭,表明发电机对蓄电池充电。

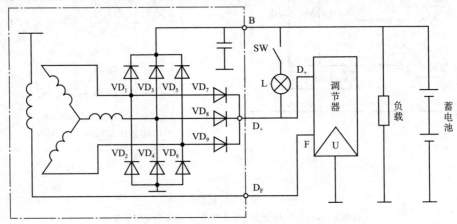

图3-10　九管硅整流发电机原理电路图

④十一管整流器。十一管整流器如图3-11所示,它是在六管整流器的基础上增加了两个中性点二极管和三个励磁二极管,它兼有整流二极管、磁场二极管以及中性点二极管的特点和功能。

(3)励磁方式。交流发电机采用他励和自励相结合的励磁方式,当交流发电机输出电压低于蓄电池端电压时,发电机的励磁电流由蓄电池供给,称为他励;当发电机输出电压达到蓄电池电压时,发电机的励磁电流由自己供给,称为自励。

交流发电机励磁电流的控制形式有两种,一种是通过调节器控制其火线,机体直接搭铁,这种称为内搭铁交流发电机,如图3-12a)所示;另一种是通过调节器控制其搭铁,这种称为外搭铁交流发电机,如图3-12b)所示。

2. 交流发电机的特性

(1)输出特性。输出特性是指在发电机端电压保持额定值不变的情况下,输出电流与

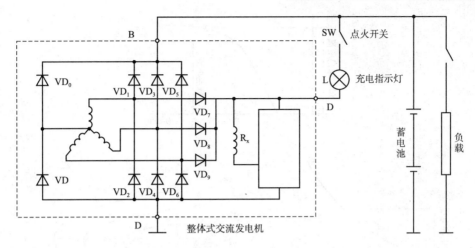

图 3-11　十一管整流发电机原理电路图

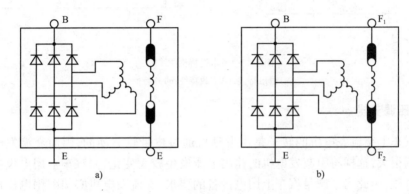

图 3-12　发电机励磁电流的控制形式
a) 内搭铁；b) 外搭铁

转速之间的关系。输出特性曲线如图 3-13a) 所示。

由输出特性曲线可以看出：

①当发电机转速大于空载转速 n_1 时，才能在额定电压下向负载供电。

②当发电机转速等于满载转速 n_2 时，发电机输出额定功率。

③当发电机输出电流达到一定值后，输出电流不再随负载的增加和转速的增高而增大，保持基本恒定。可以看出，硅整流发电机自身具有限制最大电流输出的能力。

（2）空载特性。空载特性是指发电机空载时输出电压与转速的关系。空载特性曲线如图 3-13b) 所示。

由空载特性曲线可以看出：发电机空载时，随转速的升高，端电压急剧增加。

◇小提示：发电机的输出线路必须连接牢固，否则易损坏电子元件或烧坏用电设备。

（3）外特性。外特性是指发电机转速一定时，端电压与输出电流之间的关系。外特性曲线如图 3-13c) 所示。

由外特性曲线可以看出：

①发电机转速不同，端电压也不同，转速越高，端电压也越高。

②当输出电流达到一定值时，再减小电阻，输出电流反而减小。

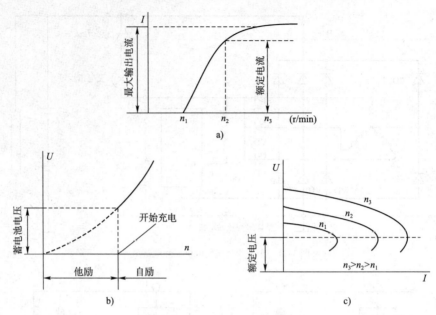

图 3-13 发电机特性曲线图
a)输出特性；b)空载特性；c)外特性

四、电压调节器

由于汽车上交流发电机的转子是由发动机通过皮带轮驱动的，因而交流发电机的转速变化范围很大，这样将引起发电机的输出电压发生较大变化，而汽车上用电设备需要的是恒定的电压，因此为了满足汽车上用电设备的要求，交流发电机必须配用电压调节器才能工作。电压调节器的作用是在发电机转速变化时自动改变励磁电流的大小，使发电机输出电压保持稳定。

1. 电压调节器的分类

电压调节器可分为机械式和电子式两大类。机械式调节器调节精度低、可靠性差、寿命短，现已被淘汰。电子式调节器根据电子元件的形式可分为晶体管式和集成电路式，如图 3-14 所示；根据搭铁形式可分为内搭铁式和外搭铁式；根据安装位置可分为内置式和外置式。

图 3-14 晶体管调节器和集成电路调节器
a)晶体管调节器；b)集成电路调节器

2. 集成电路电压调节器

集成电路电压调节器又称 IC 电压调节器，它是根据使用要求，将电子电路中的若干元件集成在同一基片上，实现了调节器的小型化。它可以装在发电机内部，减少了外部线路，工作更加可靠。现广泛应用于帕萨特、丰田、奥迪等多种轿车的发电机上。

下面以丰田轿车用调节器为例介绍集成电路调节器的工作原理。

丰田轿车充电系电路及调节器外形如图 3-15 所示,调节器装在发电机内部,构成整体式交流发电机。发电机对外有 4 个接线柱,分别为 B、S、IG、L,搭铁通过本身机体实现。其工作过程如下:

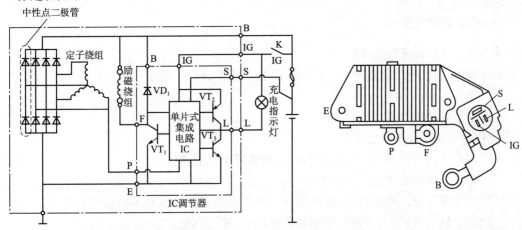

图 3-15　丰田轿车充电系电路及调节器外形

(1) 未起动发动机时,接通点火开关,蓄电池电压加在 IG 端子上,IC 调节器检测到这一电压和 P 点电位,使 VT_1 处于交替断—通状态,蓄电池经 B 端子为励磁绕组提供电流。其电流回路为:蓄电池正极→发电机 B 端子→励磁绕组→IC 调节器 F 端子→VT_1→E 端子→搭铁→蓄电池负极。

由于发电机未发电,P 点电位为 0,IC 检测到这一情况,使 VT_3 接通,VT_2 截止,充电指示灯亮,指示蓄电池放电。充电指示灯回路为:蓄电池正极→点火开关 K→充电指示灯→发电机和调节器 L 端子→VT_3→E 端子→搭铁→蓄电池负极。

(2) 起动发动机,当发电机输出电压低于调节电压时,P 点电位上升,IC 将 VT_1 由交替断—通变为持续接通,为励磁绕组提供充足的励磁电流。P 点电位继续上升,直至 IC 使 VT_3 断开,VT_2 接通,充电指示灯熄灭。

(3) 当发电机输出电压达到调节电压时,IC 检测到 S 端子电压达到标准电压时,使 VT_1 断开,励磁电流被切断,发电机电压下降,S 端子电压低于标准电压时,IC 检测到这一变化,使 VT_1 又导通,如此反复,控制 S 端电压处于标准值。此时 P 点电压高,IC 使 VT_3 断开,VT_2 接通,充电指示灯熄灭。

(4) 当发电机运转而 S 端子断路时,IC 检测到 S 端子没有输入,则使 VT_1 处于接通—断开状态,以保持 B 端子的电压在 13.3～16.3V 之间。IC 检测到 S 端子电压过低时,使 VT_3 接通,VT_2 断开,充电指示灯亮。

(5) 当 B 端子断路而 S 端子电压尚未降到最低点(13V)时,IC 又检测到 P 点电位,使 VT_1 处于接通—断开状态,将 B 端子电压保持在 20V,防止输出电压不正常升高,保护发电机和 IC 调节器。当 S 端子电压降到最低点时,IC 检测到这一情况,使 VT_3 接通,VT_2 断开,充电指示灯亮。

(6) 当励磁绕组断路时,发电机停止发电,P 点电位变为 0,IC 检测到这一状态,使 VT_3 接通,VT_2 断开,充电指示灯亮。

课题二 发电机的拆装

一、作业前的准备

1. 工具、设备和材料的准备

(1) 发电机拆装工具、螺丝刀、组合扳手、扭力扳手、钳子、锤子、压力机、专用工具等。

(2) 磁力护裙。

(3) 卡罗拉轿车及其维修手册。

2. 作业前场地和车辆的准备

(1) 汽车进入工位前,将工位清理干净,准备好相关的器材。

(2) 将汽车停驻在工位中央位置。

(3) 拉紧驻车制动器操纵杆,并将变速杆置于空挡(N挡)或驻车挡(P挡)位置。

(4) 套上转向盘护套、变速杆手柄套和座位套,铺设脚垫。

(5) 在车内拉动发动机舱手柄,在车外打开并支撑发动机舱盖。

(6) 粘贴翼子板和前脸磁力护裙。

二、发电机电路的连接

下面以卡罗拉1ZR-FE轿车为例,发电机电路的连接情况如图3-16所示,找到发电机电路中各个零部件在实车上的位置,如图3-17所示。

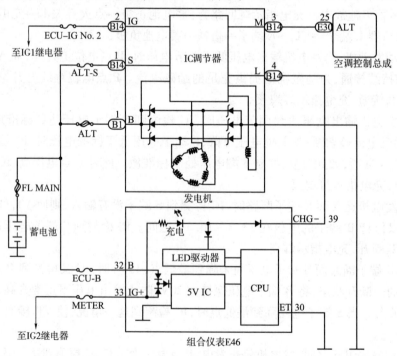

图3-16 卡罗拉轿车充电系统电路图

项目三　发电机的结构与拆装

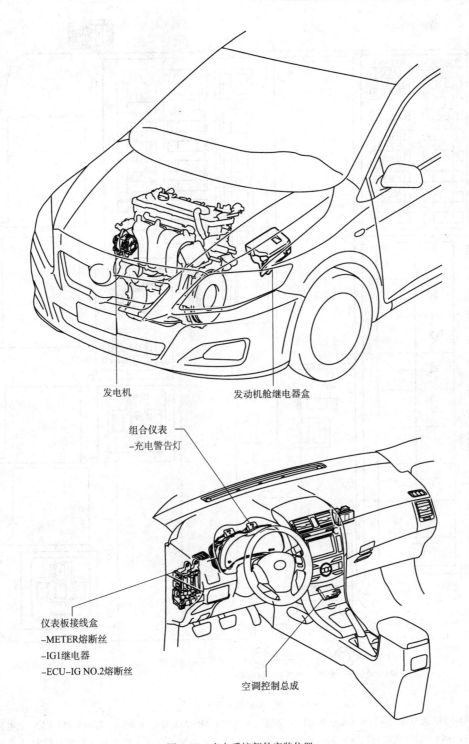

图 3-17　充电系统部件安装位置

拆装发电机 ALT 熔断器、ALT-S 熔断器、ECU-B 熔断器、IG2 继电器(集成)装在发动机 1 号接线盒内。发动机 1 号继电器盒位于发动机舱左侧,如图 3-18 所示。

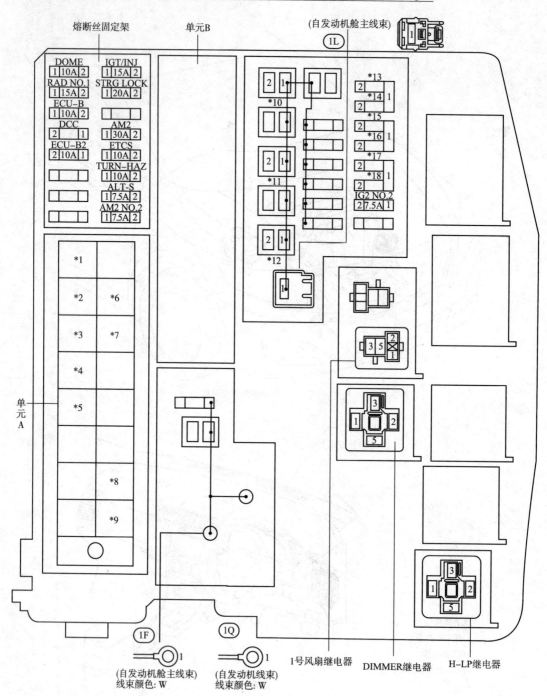

图 3-18 发动机 1 号继电器盒

*1:50A HTR(大电流);*2:50A ABS NO.1(大电流);*3:30A ABS NO.3(大电流);*4:40A RDI FAN(大电流);*5:30A H-LP CLN(大电流);*6:50A H-LP MAIN(大电流);*7:50A P/I(大电流);*8:60A EPS(大电流);*9:120A ALT(大电流);*10:30A HTR SUB NO.3(大电流);*11:30A HTR SUB NO.2(大电流);*12:30A HTR SUB NO.1(大电流);*13:15A H-LP LH LO(HID 型);10A H-LP LH LO(除 HID 型外);*14:15A H-LP RH LO(HID 型);10A H-LP RH LO(除 HID 型外);*15:10A H-LP LH HI;*16:10A H-LP RH HI;*17:10A EFI NO.1;*18:10A EFI NO.2

三、发电机的拆装

1. 发电机的拆卸

拆装发电机相关部件分解图如图3-19所示。

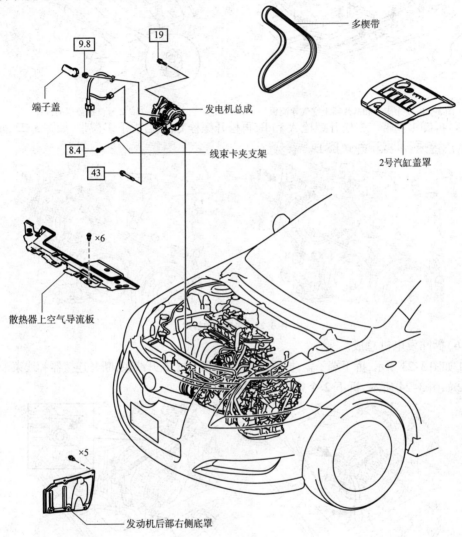

方框内数据为规定扭矩,N·m。

图3-19 拆装发电机相关部件分解图

(1)断开蓄电池负极电缆线。

(2)拆卸发动机后部右侧底罩。

(3)拆下6个卡子和散热器上空气导流板,如图3-20所示。

(4)拆卸2号汽缸盖罩。握住罩的后端并提起,以脱开罩后端的2个卡子。继续提起罩,以脱开罩前端的2个卡子并拆下罩,如图3-21所示。

◎小提示:同时脱开前后卡子可能会使组盖破裂。

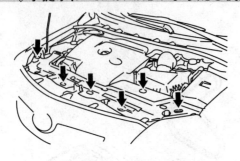
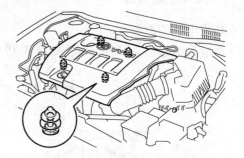

图3-20　6个卡子和散热器上空气导流板　　　　图3-21　2号汽缸盖罩的拆卸

(5)拆卸多楔带。先松开螺栓A和B,再松开螺栓C,然后拆下多楔带,如图3-22所示。

◎小提示:不要松开螺栓D。

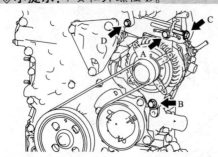
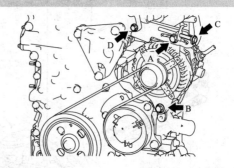

图3-22　多楔带的拆卸

(6)拆卸发电机总成。

①如图3-23所示,拆下端子盖,拆下螺母,从端子B上断开线束,断开连接器和线束卡夹。

②如图3-24所示,拆下2个螺栓和发电机总成。

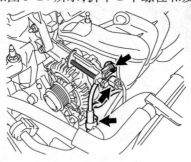
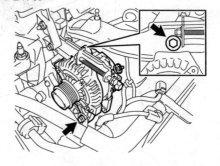

图3-23　发电机总成拆装1　　　　图3-24　发电机总成拆装2

③如图3-25所示,拆下螺栓和线束卡夹支架。

2. 发电机的解体

发电机分解图如图3-26所示。

(1)拆卸发电机皮带轮。

①如图3-27所示,用螺丝刀拆下发电机皮带轮盖。

②设置SST(A)和(B),如图3-28a)所示;将SST(A)夹在台钳上,将转子轴一端放在SST(A)中,如图3-28b)所示;将SST

图3-25　发电机总成拆装3

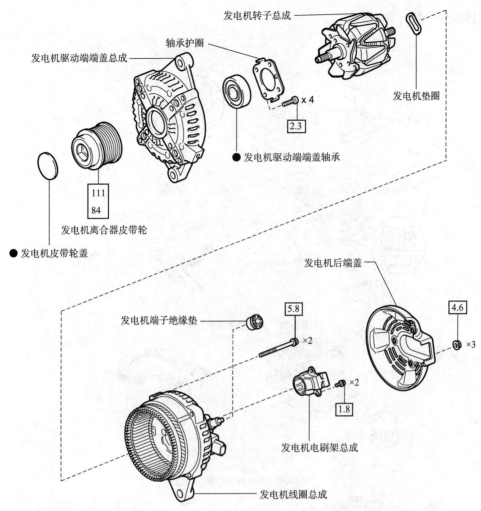

方框内数据为规定扭矩，N·m。
　　*配合SST使用
● 不可重复使用零件

图 3-26　发电机分解图

（B）安装到离合器皮带轮上，如图 3-28c)所示；按图 3-28d)所示方向转动 SST(B)，拧松皮带轮。

◎小提示：为防止损坏转子轴，拧松传动带轮螺母时，一次转动范围不要超过半圈。

③从 SST 上拆下发电机总成，将离合器皮带轮从转子轴上拆下。

（2）拆卸发电机后端罩。如图 3-29a)所示，将发电机总成放在离合器皮带轮上；如图 3-29b)所示拆下 3 个螺母和发电机后端盖。

（3）拆卸发电机端子绝缘垫，如图 3-30 所示。

（4）拆卸发电机电刷架总成。如图 3-31 所示，从发电机线

图 3-27　发电机皮带轮盖的拆卸

圈上拆下2个螺钉和电刷架。

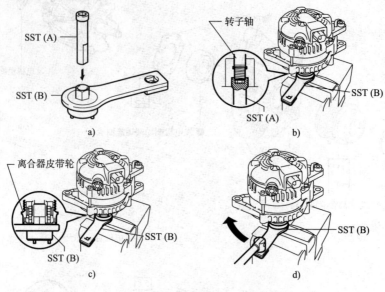

图3-28 发电机皮带轮的拆卸

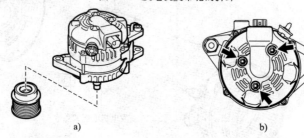

图3-29 发电机后端罩的拆卸

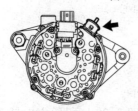

图3-30 发电机端子绝缘垫的拆卸

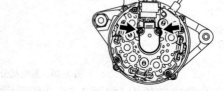

图3-31 发电机电刷架的拆卸

(5)拆卸发电机线圈总成。如图3-32a)所示,拆下4个螺栓;如图3-32b)所示,用SST拆下发电机线圈总成。

(6)拆卸发电机转子总成。如图3-33a)所示,拆下发电机垫圈;如图3-33b)所示,拆下发电机转子总成。

(7)拆卸发电机驱动端端盖轴承。如图3-34a)所示,从驱动端端盖上拆下4个螺钉和挡片;如图3-34b)所示,用SST和锤子驱动端端盖中敲出端盖轴承。

3. 发电机的装配

(1)安装发电机驱动端端盖轴承。如图3-35a)所示,用SST和压力机压入一个新的发电机驱动端端盖轴承;如图3-35b)所示,将挡片上的凸舌嵌入驱动端端盖上的切口中,安装4个螺钉,其扭矩为2.3N·m。

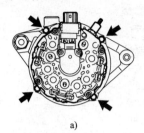 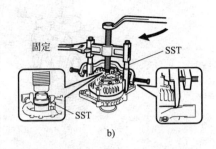

图3-32 发电机线圈总成的拆卸

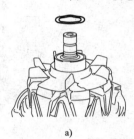 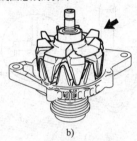

图3-33 发电机转子总成的拆卸

 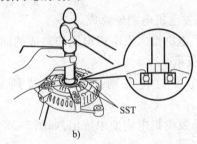

图3-34 驱动端端盖轴承的拆卸

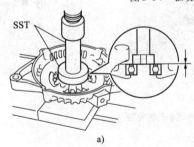 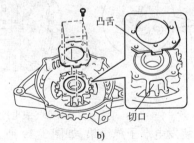

图3-35 发电机发电机驱动端端盖轴承的安装

(2)安装发电机转子总成。

①将驱动端端盖放在离合器皮带轮上。

②将发电机转子总成安装到驱动端端盖上,如图3-36a)所示。

③将发电机垫圈放在发电机转子上,如图3-36b)所示。

(3)安装发电机线圈总成。使用SST和压力机,慢慢地压入发电机线圈总成,如图3-37a)所示;安装4个螺栓,如图3-37b)所示,其扭矩为5.8N·m。

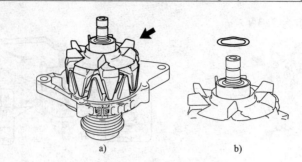

图 3-36　发电机转子总成的安装

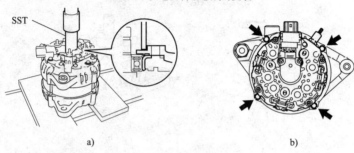

图 3-37　发电机线圈总成的安装

(4) 安装发电机电刷架总成。

① 将 2 个电刷推入发电机电刷架总成的同时,在电刷架孔中插入一个 $\phi1.0mm$ 的销,如图 3-38a) 所示。

② 用 2 个螺钉将电刷架总成安装到发电机线圈上,如图 3-38b) 所示,扭矩为 $1.8N·m$。

③ 将销从发电机电刷架中拔出,如图 3-38c) 所示。

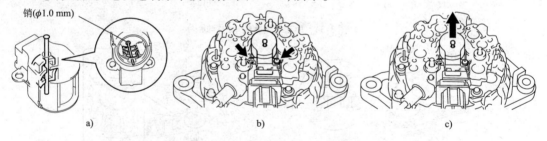

图 3-38　发电机电刷架总成的安装

(5) 安装发电端子绝缘垫,如图 3-39 所示。

◇小提示:注意图中所示端子绝缘垫的安装方向。

(6) 安装发电机后端盖。用 3 个螺母将发电机后端盖安装到发电机线圈上,如图 3-40 所示,扭矩为 $4.6N·m$。

(7) 安装发电机皮带轮。

① 将皮带轮临时安装到转子轴上。

② 设置 SST(A) 和 (B)。

③ 将 SST(A) 夹在台钳上。

④将转子轴一端放在SST（A）中。

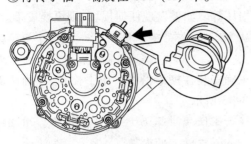

图3-39 发电机端子绝缘垫的安装

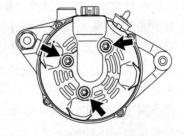

图3-40 发电机后端盖的安装

⑤将SST（B）安装到皮带轮上。

⑥按图3-41所示方向转动SST（B），紧固皮带轮。

扭矩：不使用SST时为111N·m，使用SST时为84N·m。

◇小提示：使用力臂长度为318mm（12.52in.）的扭力扳手，当SST与扭力扳手平行时，扭矩值有效。

⑦从SST上拆下发电机总成。

⑧检查并确认皮带轮旋转平稳。

⑨将一个新的皮带轮盖安装到离合器皮带轮上。

4. 发电机的安装

（1）安装发电机总成。

①用螺栓安装线束卡夹支架，如图3-42a)所示，扭矩为8.4N·m。

②用2个螺栓暂时安装发电机总成，如图3-42b)所示。

③用螺母将线束安装到端子B并安装端子盖，如图3-42c)所示，扭矩为9.8N·m。

④安装连接器和线束卡夹。

（2）安装多楔带。

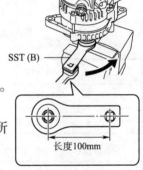

图3-41 皮带轮的紧固

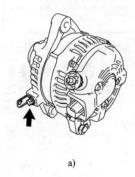
a)

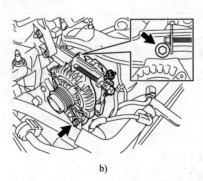
b)

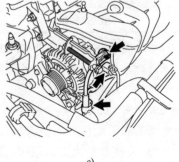
c)

图3-42 发电机总成的安装

（3）调整多楔带。转动螺栓C，以调节多楔带的张紧力。紧固螺栓A和B（见图3-22）。

扭矩：螺栓A：19N·m，螺栓B：43N·m。

◇小提示：确认螺栓没有松动。

(4)检查多楔带。

①目视检查皮带是否过度磨损、加强筋损坏等。如果发现任何损坏,则更换皮带。

◆小提示:如果发现任何损坏,更换皮带。传动皮带的带棱侧出现一些裂纹是可以接受的。如果皮带棱上有脱落,则应更换皮带。

②安装好传动皮带后,检查并确认皮带正确安装在楔形槽中。用手检查,以确认皮带没有从曲轴皮带轮底部的凹槽中滑脱,如图3-43所示。

◆小提示:新皮带是指在发动机运转的情况下使用时间少于5min的皮带。用过的皮带是指在发动机运转的情况下使用时间长达5min或以上的皮带。

③检查多楔带的偏移和张紧度,如图3-44所示。

图3-43 多楔带的安装　　图3-44 多楔带的检查

偏移

项 目	规 定 状 态
新皮带	7.5~8.6mm
用过的皮带	8.0~10.0mm

张紧度

项 目	规 定 状 态
新皮带	637~735N
用过的皮带	392~588N

◆小提示:在规定点处检查多楔带的偏移。检查多楔带偏移时,向其施加98N(10kgf)的张紧力。安装新皮带时,将其张紧力调整至规定值;运转发动机约5min后,重新检查皮带张紧度。检查使用超过5min的皮带时,采用用过的皮带的规格。重新安装使用超过5min的皮带时,调整其偏移和张紧力至各用过的皮带规格的中间值。使用皮带张力计时,首先用基准仪表确认其精确度。

(5)安装2号汽缸盖罩(见图3-21)。

(6)安装散热器上空气导流板(见图3-20)。

(7)安装发动机后部右侧底罩。

(8)将电缆连接到蓄电池负极端子上,扭矩为5.4N·m。

四、评价与反馈

1.对学习任务进行评价,如表3-2所示。

项目三 发电机的结构与拆装

学习任务评分表　　　　　　　　　　　　　　　　　　　　表 3-2

考核项目	评分标准	分数	学生自评	小组互评	教师评价	小　计
团队合作	是否和谐	5				
活动参与	是否积极主动	5				
安全生产	有无安全隐患	10				
现场5S	是否做到	10				
任务方案	是否正确、合理	15				
操作过程	发电机电路各部件的查找与连接 拆卸发电机 安装发电机	30				
任务完成情况	是否圆满完成	5				
工具和设备使用	是否规范、标准	10				
劳动纪律	是否能严格遵守	5				
工单填写	是否完整、规范	5				
总分		100				
教师签写：		年　月　日			得分	

2. 能否向顾客提出正确使用汽车发电机的建议？

项目四　起动机的结构与拆装

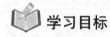**学习目标**

完成本项目学习后,你应能:

1. 叙述起动机的作用、分类及型号;
2. 知道起动机的组成及工作原理,起动继电器的工作原理;
3. 分析比较不同起动机的结构和性能特点;
4. 在教师指导下,规范地完成各种起动机的拆装。

建议课时:8课时

课题一　起动机的结构与工作原理

一、起动机的作用、分类和型号

1. 起动机的作用

汽车起动系统一般由蓄电池、点火开关、起动机、起动继电器等部件组成。起动机的作用就是起动发动机。发动机起动之后,起动机便立即停止工作。其在车上的安装与连接如图4-1所示。

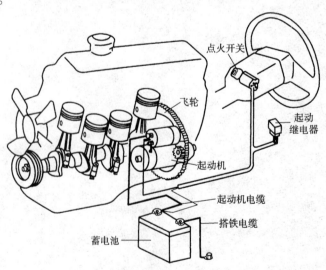

图4-1　起动机在汽车上的安装与连接

2. 起动机的分类

按控制方式不同可分为直接操纵式和电磁操纵式。

按传动机构啮合方式不同可分为惯性啮合式、强制啮合式和电枢移动式。强制啮合式起动机靠电磁力拉动杠杆,强制拨动驱动齿轮与飞轮齿圈啮合。其特点是啮合机构简单、动作可靠、操作方便。目前已广泛使用,如图4-2所示。

除上述以外,还有永磁式起动机和减速式起动机等。

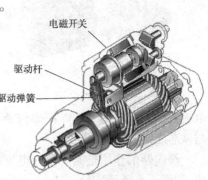

图4-2 强制啮合式起动机

3. 起动机的型号

根据国标《汽车电气设备产品型号编制方法》(QC/T 73—1993)规定,汽车起动机的型号编制规则如下:

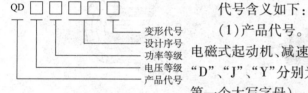

代号含义如下:

(1)产品代号。有 QD、QDJ、QDY 三种,分别表示普通电磁式起动机、减速式起动机、永磁式起动机(字母"Q"、"D"、"J"、"Y"分别为"起"、"动"、"减""永"字的汉语拼音第一个大写字母)。

(2)电压等级代号。用一位阿拉伯数字表示,"1"代表12V,"2"代表24V。

(3)功率等级代号。用一位阿拉伯数字表示,含义如表4-1所示。

电流等级代号　　　　　　　　　　　　　　　　表4-1

功率等级代号	1	2	3	4	5	6	7	8	9
功率(kW)	<1	1~2	2~3	3~4	4~5	5~6	6~7	7~8	>8

(4)设计序号。按产品设计先后顺序,用一或两位阿拉伯数字表示。

(5)变形代号。一般电气参数变化和结构改变时,以汉语拼音大写字母 A、B、C……顺序表示。

例如:QD123 表示额定电压为12V,功率为1~2kW,第三次设计的起动机。

二、普通电磁操纵式起动机的结构

普通电磁操纵式起动机一般由直流电动机、传动机构(或称啮合机构)和控制装置(电磁开关)三部分组成。

1. 直流电动机

直流电动机的作用是产生转矩。直流电动机的励磁绕组与电枢绕组呈串联连接,故称直流串励式电动机。它主要由电枢总成、磁极、电刷及电刷架、壳体和端盖等组成,如图4-3所示。

(1)电枢总成,又称转子。它主要由电枢轴、电枢铁芯、电枢绕组和换向器等组成。其结构如图4-4所示。其作用是产生电磁转矩。

电枢铁芯由硅钢片叠成后固定在电枢轴上;电枢绕组由较大截面的矩形裸铜线绕制而成,在铁芯片线槽口两侧,用轧纹将电枢绕组挤紧,以免转子高速运转时将绕组甩出。

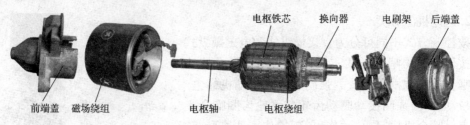

图 4-3 直流串励式电动机

电枢绕组的端头均匀地焊在换向器铜片上。为防止电枢绕组间短路,在铜线之间及铜线与铁芯之间,均用绝缘纸隔开。

换向器的作用是向旋转的电枢绕组注入电流,它由许多截面呈燕尾形的铜片合围而成,如图4-5所示,铜片之间由云母绝缘。

图 4-4 电枢　　　　图 4-5 换向器

(2)磁极。由磁极铁芯和励磁绕组组成,其作用是产生电磁场。

为增大起动转矩,磁极的数量较多,一般为4极,功率超过7.35kW 的起动机有用6个磁极的。励磁绕组也由矩形扁铜线绕制而成,其匝数一般为 6~10 匝,铜带之间用绝缘纸绝缘,并用白布带以半叠包扎法包好浸上绝缘漆烘干。磁极铁芯用螺钉固定在外壳上,绕组通电后产生磁场,形成 N、S 极相间排列的形式,如图4-6所示。

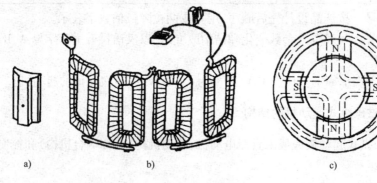

图 4-6 磁极
a)铁芯;b)励磁绕组;c)磁路

励磁绕组的一端接在外壳的绝缘接线柱上,另一端与两个非搭铁电刷相连。其内部电路如图4-7所示。在导线截面不变的情况下,采用后一种形式可以增大起动电流,提高起动转矩。

(3)电刷及电刷架。其作用是将电流引入电动机。一般有四个电刷及电刷架,如图4-8所示。电刷架固定在前端盖上,其中两个对置的电刷架与端盖绝缘,称为绝缘电刷架;另外两个对置的电刷架与端盖直接铆合而搭铁,称为搭铁电刷架。电刷由铜粉与石墨粉

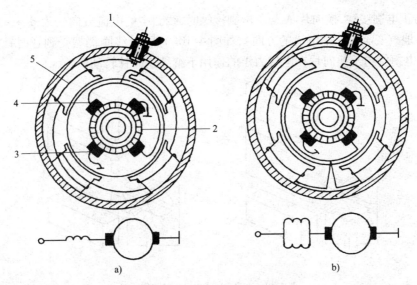

图4-7 直流串励式电动机内部线路
a)四个绕组相互串联;b)两个绕组串联后再并联
1-接线柱;2-换向器;3-搭铁电刷;4-绝缘电刷;5-励磁绕组

压制而成,加入铜粉是为了减少电阻并增加耐磨性。电刷装在电刷架中,借弹簧压力将它紧压在换向器铜片上。电刷弹簧的压力一般为 12~15N。

(4)外壳与端盖。外壳用钢板焊接或用无缝钢管制成,内部固定有磁极。外壳上有一绝缘接线柱与励磁绕组相连,其两端还留有组装用的定位槽或缺口。

驱动端盖(前端盖)用铸铁铸造,其上有拨叉座和驱动齿轮行程的调整螺钉,还有支撑拨叉的轴销孔,因电枢轴较长,故前端盖上还装有中间支撑板。后端盖用钢板冲压(无检查窗口)或用铝合金铸造(带有检查窗口),前后端盖上都压装着青铜石墨或铁基含油滑动轴承。两端盖与壳体间靠两个穿心连接螺栓组装成一个整体,如图4-9所示。

图4-8 电刷及电刷架

图4-9 起动机机壳

2.直流串励式电动机的工作原理及特性

(1)工作原理。直流电动机是将电能转换为机械能的装置,它是根据载流导体在磁场中受到电磁力作用这一原理设计而成的,其工作原理如图4-10所示。在磁场中放置一个线圈(即电枢绕组),线圈的两端分别与两片换向片连接,两只电刷分别压在换向片上,并分别与蓄电池的正极和负极连接。如图4-10a)所示,当换向片A与正电刷接触,换向片B与负电刷接触时线圈中的电流方向为a→b→c→d,由左手定则可以确定,线圈受到逆时针方向的转矩作用,电枢绕组及换向片在电磁力矩的作用下逆时针转动;当线圈转动至换向片 B 与正电刷接触,换向片 A 与负电刷接触时,线圈中的电流方向变为 d→c→b→a(换向器适时地改变了线圈中电流的方向),如图 4-10b)所示,线圈仍然受到逆时针方向的转矩作用,电枢绕组及换向片在电磁力矩的作用下继续逆时针转动。

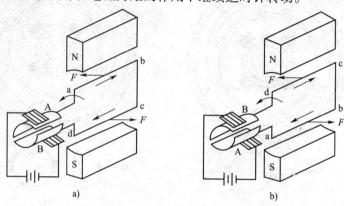

图 4-10 直流串励式电动机的工作原理

为了增大电磁转矩和转动的平稳性,电动机都采用多组线圈和相应的换向片,同时用多对磁极产生磁场。电磁转矩的大小与电枢电流以及磁极磁通的大小成正比,用公式表示为:

$$M = C_m I_s \Phi$$

式中:C_m——电机常数;
I_s——电枢电流,A;
Φ——磁极磁通,Wb。

(2)工作特性。图 4-11 所示为直流电动机特性曲线图。M 曲线为转矩特性曲线,直流串励式电动机转速 $n=0$ 时,电枢电流达到最大值,起动转矩大,在起动瞬间能提供大转矩。n 曲线为转速特性曲线,电动机轻载时转速高,重载时转速低,能够保证发动机起动的需要。P 曲线为功率特性曲线,当电枢电流约为制动电流的一半时,电动机发出最大功率,具有在短时间内输出最大功率的能力。

◇小提示:对于较大功率的起动机,不允许在轻载或空载下长时间运行。

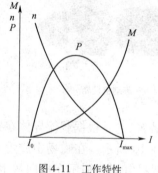

图 4-11 工作特性

3. 起动机的传动机构

传动机构的作用是把直流电动机产生的转矩传递给飞轮齿圈,再通过飞轮齿圈把转矩传递给发动机的曲轴,在发动机起动后,飞轮齿圈与驱动齿轮自动打滑脱离。传动机构一般由驱动齿轮、单向离合器、拨叉、啮合弹簧等组成,如图 4-12 所示。传动机构中,结构和工作情况比较复杂的是单向离合器,其作用是传递电动机转矩和起动发动机,而在发动机起动后自动打滑,保护起动机电枢不致飞散。常用的单向离合器主要有滚柱式、摩擦片式和弹簧式等几种。

(1)滚柱式单向离合器。滚柱式单向离合器是通过改变滚柱在楔形槽中的位置来实现接合和分离的,其结构分十字块式和十字槽式两种,如图4-13所示。

在发动机起动时,滚柱式单向离合器的滚柱处于楔形槽的窄处被卡死,将起动机转矩传递给驱动齿轮[图4-14a],带动飞轮齿圈旋转起来。发动机起动后,转速升高,飞轮齿圈则带动驱动齿轮旋转,滚柱滚入楔形槽的宽处而打滑[图4-14b],使发动机的转矩不会传给电枢,避免了电枢绕组出现超速飞散的危险。

滚柱式单向离合器在工作时,滚柱属线接触传力,具有结构简单、坚固耐用、工作可靠的优点,但在传递大转矩时滚柱易发卡,故常用于中、小功率的起动机上。

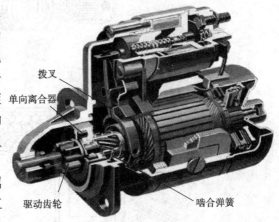

图4-12 起动机的传动机构

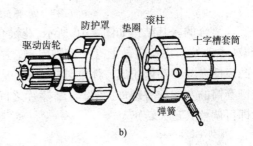

图4-13 滚柱式单向离合器
a)十字块式;b)十字槽式

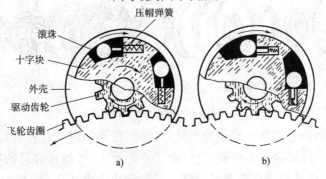

图4-14 滚柱式单向离合器工作原理
a)起动时;b)起动后

(2)弹簧式单向离合器。弹簧式单向离合器是通过扭力弹簧的径向收缩和放松来实现离合的,其结构如图4-15所示。离合器的齿轮与花键套间采用浮动的月形定位键连接,齿轮后端传力圆柱表面和花键套筒外圆柱面上包有扭力弹簧,扭力弹簧两端各有1/4圈,内径较小,分别箍紧在齿轮柄和套筒上,扭力弹簧外装有护套。

弹簧式单向离合器具有结构简单、寿命长、成本低的特点。因扭力弹簧圈数较多,轴向尺寸较大,故多用于大、中型起动机上。

(3)摩擦片式单向离合器。摩擦片式单向离合器是通过主、从动摩擦片的压紧和放松

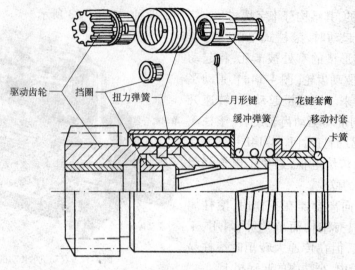

图4-15 弹簧式单向离合器

来实现离合的。其结构如图4-16所示,花键套筒套的外表面上有三线螺旋花键,套着内接合鼓(主动鼓),内接合鼓上有4道轴向槽,主动摩擦片的内凸齿插在其中,从动摩擦片的外凸齿插在与驱动齿轮成一体的外接合鼓(从动鼓)的槽中,主、从动摩擦片相间排列。在花键套筒的左端拧有螺母,螺母与摩擦片之间装有弹性圈、压环及调整垫片,通过加减垫片即可调整其最大转矩。

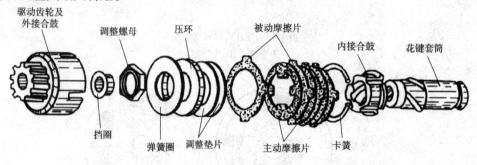

图4-16 摩擦片式单向离合器

摩擦片式单向离合器可以传递较大转矩,并能在超载时自动打滑以防止因超载而损坏起动机。但由于该离合器结构复杂,传动比不能太大,摩擦片容易磨损,磨损后摩擦系数会逐渐降低,所以需要经常检查和调整。其额定功率为2.2~8.1kW的中型起动机和11kW的大型起动机常采用该种离合器。

4. 起动机的控制装置

控制装置的作用是控制驱动齿轮和飞轮的啮合与分离,并且控制起动机电路的接通与切断。常用的控制装置有机械式和电磁式两种。现代汽车上广泛使用电磁式控制装置(电磁开关),如图4-17所示。电磁式控制装置主要由吸引线圈、保持线圈、复位弹簧、可动铁芯、接触片等组成。其中,端子50接点火开关,通过点火开关再接电源,端子30直接接电源。

电磁式控制装置的基本工作过程:如图4-18所示,当起动电路接通后,保持线圈的电流经起动机端子50进入,经线圈后直接搭铁,吸引线圈的电流也经起动机端子50进入,经电动机的励磁线圈和电枢绕组后搭铁。两线圈通电后产生较强的电磁力，克服复位弹簧弹力使活动铁芯移动，一方面通过拨叉带动驱动齿轮移向飞轮齿圈并与之啮合，另一方面推动接触片移向端子30和C的触点，在驱动齿轮与飞轮齿圈进入啮合后，接触片将两个主触点接通，使电动机通电运转。在驱动齿轮进入啮合之前，由于经过吸引线圈的电流经过了电动机，所以电动机在这个电流的作用下会产生缓慢旋

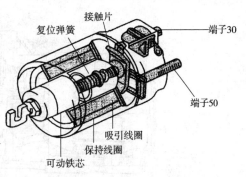

图4-17 电磁式控制装置

转，以便于驱动齿轮与飞轮齿圈进入啮合。在两个主接线柱触点接通之后，蓄电池的电流直接通过主触点和接触片进入电动机，使电动机进入正常运转，此时通过吸引线圈的电路被短路，因此，吸引线圈中无电流通过，主触点接通的位置靠保持线圈来保持。发动机起动后，放开起动开关，切断端子50的电源，电流经电源正极经端子30→接触片→吸引线圈→保持线圈→搭铁，两铁芯产生的反向磁力推动活动铁芯回位，切断电动机的电路，同时也使驱动齿轮与飞轮齿圈脱离啮合。

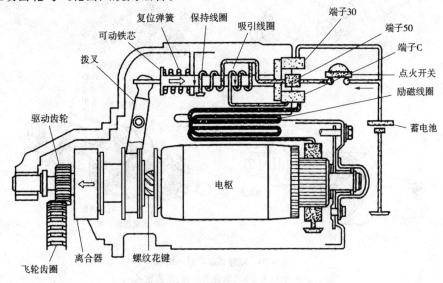

图4-18 电磁式控制装置的基本工作过程

三、其他起动机的结构

1. 减速式起动机的结构

减速式起动机的结构特点是在电机轴与驱动齿轮之间增加一套减速机构。它的优点是：可采用小型高速低转矩的电动机，使起动机的体积小、质量轻，便于安装；起动转矩大，利于起动；结构简单、效率高，保证了良好的机械性能，拆装维修方便。现代汽油发动机多采用此类起动机。其结构如图4-19所示。

减速式起动机根据减速机构的不同可分为外啮合式、内啮合式和行星齿轮式3种，如图4-20所示。

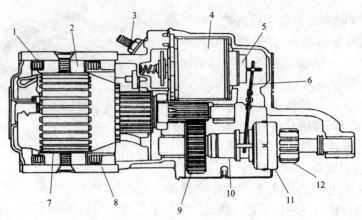

图 4-19 减速式起动机

1-磁场绕组；2-磁极；3-主接线柱；4-电磁开关；5-活动铁芯；6-拨叉；7-电枢；8-外壳；9-减速齿轮；10-花键轴；11-单向离合器；12-驱动齿轮

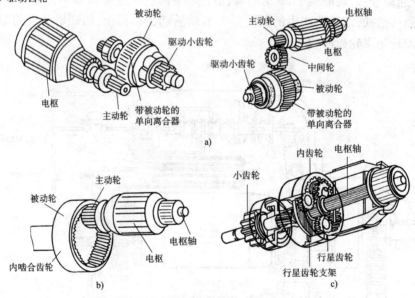

图 4-20 减速式起动机的结构
a) 外啮合式；b) 内啮合式；c) 行星齿轮式

2. 永磁式起动机的结构

永磁式起动机的结构特点是：利用永磁材料做起动机的磁极。它的优点是：取消了励磁绕组和铁芯，使起动机的体积和质量大大减小；缺点是：随着使用时间的增加，去磁现象会日益严重，将会造成起动机的功率下降，所以目前仅限于在小功率起动机上应用，其结构如图 4-21 所示。

四、起动继电器

汽车起动时需要很大的起动电流，若用点火开关直接控制起动电路，容易烧毁点火开关，为此在装用较大功率起动机时，常用起动继电器来控制起动电路。起动继电器的作用是：以小电流控制大电流，保护点火开关。

项目四 起动机的结构与拆装

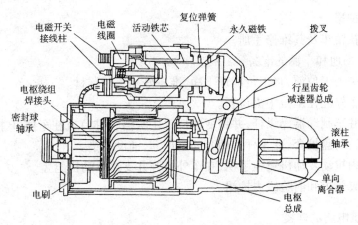

图 4-21 永磁式起动机结构

1. 起动继电器的分类

起动继电器有简单继电器和复合继电器两种。

2. 起动继电器的工作原理

起动继电器的工作原理如图 4-22 所示。点火开关置于起动挡时,起动继电器线圈中有电流通过,产生电磁吸力,使触点闭合,接通起动机主电路,其回路为:蓄电池"+"→继电器 B 接线柱→继电器触点→继电器 ST 接线柱→起动机电磁开关 50→蓄电池"-",起动机工作。松开点火开关,继电器线圈中的电流中断,在复位弹簧的作用下触点断开,起动机停止工作。

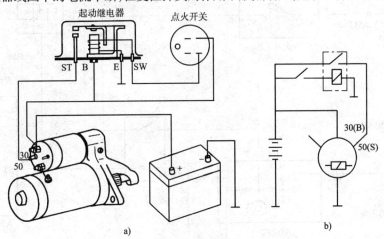

图 4-22 单继电器控制电路
a)接线图;b)原理图

课题二 起动机的拆装

一、作业前的准备

1. 工具、设备和材料的准备

(1)起动机拆装工具、螺丝刀、组合扳手、扭力扳手、钳子、锤子、压力机、专用工具等。

(2) 磁力护裙。

(3) 卡罗拉轿车及其维修手册。

2. 作业前场地和车辆的准备

(1) 汽车进入工位前,将工位清理干净,准备好相关的器材。

(2) 将汽车停驻在工位中央位置。

(3) 拉紧驻车制动器操纵杆,并将变速杆置于空挡(N挡)或驻车挡(P挡)位置。

(4) 套上转向盘护套、变速杆手柄套和座位套,铺设脚垫。

(5) 在车内拉动发动机舱盖手柄,在车外打开并支撑发动机舱盖。

(6) 粘贴翼子板和前脸磁力护裙。

二、起动机电路的连接

以卡罗拉1ZR—FE发动机为例,起动机电路的连接情况如图4-23所示。在汽车上找出起动机电路各零部件的位置,如图4-24所示。

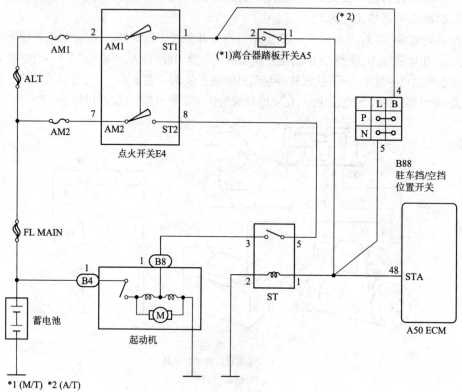

图4-23 卡罗拉1ZR—FE发动机起动系统电路图

三、起动机的拆装

1. 起动机的拆卸

拆装起动机相关部件的分解图如图4-25所示。

(1) 断开蓄电池负极端子的电缆。

项目四 起动机的结构与拆装

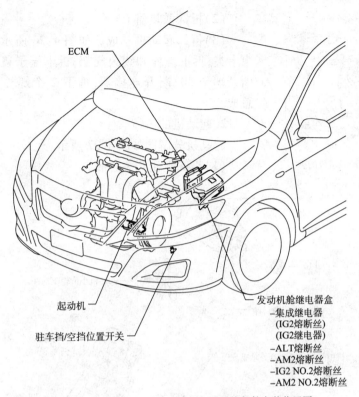

图 4-24 卡罗拉 1ZR—FE 发动机起动系统部件安装位置图

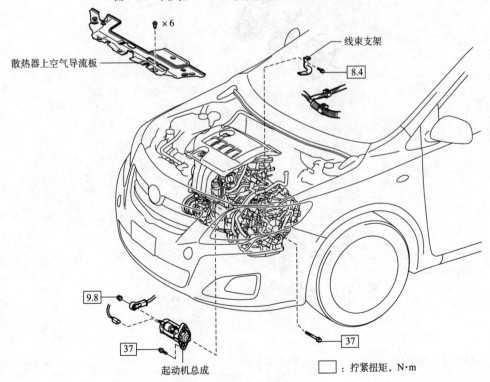

图 4-25 拆装起动机相关部件分解图

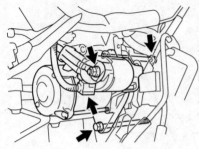

图 4-26 起动机组成的拆卸

(2)拆卸散热器上空气导流板。

(3)拆卸起动机总成。如图 4-26 所示,分离 2 个线束卡夹;拆下螺栓和线束支架;拆下端子盖;拆下螺母并断开端子 30,断开连接器;拆下 2 个螺栓;拆下起动机总成。

2. 起动机的解体

起动机分解图如图 4-27 所示。

(1)拆卸电磁开关总成。

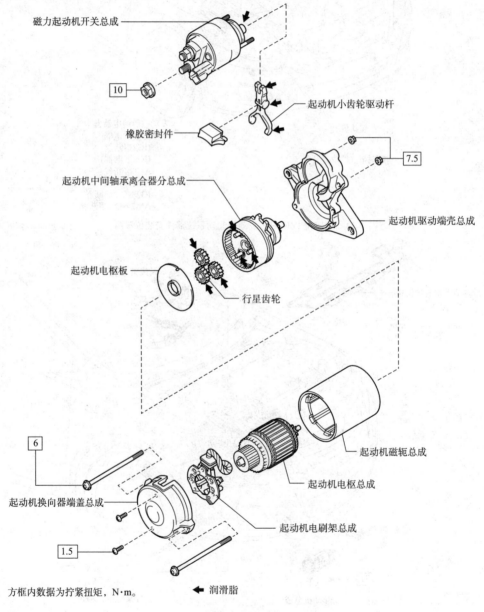

方框内数据为拧紧扭矩,N·m。

← 润滑脂

图 4-27 起动机分解图

①拆下螺母,然后从磁力起动机开关总成上断开引线,如图4-28a)所示。

②固定磁力起动机开关总成时,从起动机驱动端壳总成上拆下2个螺母,如图4-28b)所示。

③拉出磁力起动机开关总成,并且在提起磁力起动机开关总成前部时,从驱动杆和磁力起动机开关总成上松开铁芯挂钩,如图4-28c)所示。

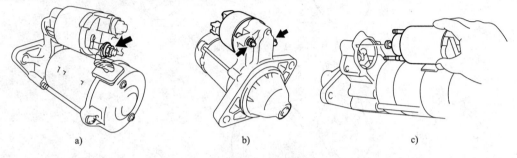

图4-28 电磁开关组总成的拆卸

(2)拆卸磁轭总成。

①拆下2个螺钉,如图4-29a)所示。

②将起动机磁轭和起动机换向器端架总成一起拉出,如图4-29b)所示。

③从起动机换向器端架总成上拉出起动机磁轭总成,如图4-29c)所示。

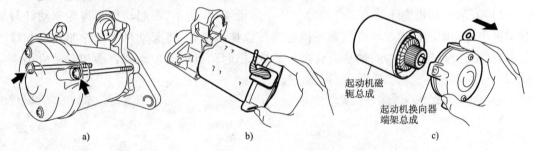

图4-29 磁轭总成的拆卸

(3)拆卸起动机电枢总成,如图4-30所示。

(4)拆卸电枢板。如图4-31所示。

(5)拆卸电刷架总成。

①从起动机换向端架总成上拆下2个螺钉,如图4-32a)所示。

②拆下卡夹卡爪,然后从起动机换向器端架总成上拆下电刷架总成,如图4-32b)所示。

(6)拆卸行星齿轮。从起动机中间轴承离合器分总成上拆下3个行星齿轮,如图4-33所示。

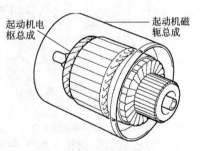

图4-30 电枢总成的拆卸

(7)拆卸起动机中间轴承离合器分总成。如图4-34所示,从起动机驱动端壳总成上拆下带起动机小齿轮驱动杆的起动机中间轴承离合器分总成,拆下起动机中间轴承离合器分总成、橡胶密封件和起动机小齿轮驱动杆。

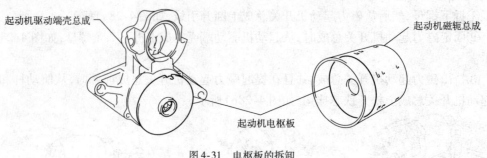

图 4-31 电枢板的拆卸

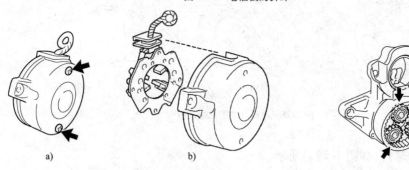

图 4-32 电刷架总成的拆卸　　图 4-33 行星齿轮的拆卸

3. 起动机的装配

(1) 安装起动机中间轴承离合器分总成。如图 4-35 所示,在起动机小齿轮驱动杆与起动机小齿轮驱动杆的起动机枢轴的接触部分涂抹润滑脂,将起动机小齿轮驱动杆和橡胶密封件安装至起动机中间轴承离合器分总成,把起动机中间轴承离合器和起动机小齿轮驱动杆一起安装至起动机驱动端壳总成。

◇**小提示**:注意加注润滑脂。

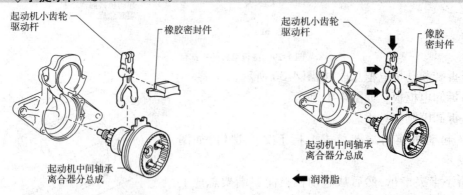

图 4-34 起动机中间轴承离合器分总成　　图 4-35 起动机中间轴承离合器分总成的安装

(2) 安装行星齿轮。如图 4-36 所示,在行星齿轮和行星轴销部位涂抹润滑脂,安装 3 个行星齿轮。

(3) 安装起动机电刷架总成。如图 4-37 所示,安装电刷架,用螺丝刀抵住电刷弹簧,并将 4 个电刷安装到电刷架上,将密封垫插入正极 (+) 和负极 (-) 之间。

(4) 安装起动机换向器端盖总成。如图 4-38 所示,将电刷架卡夹装配到起动机换向器端架总成上,用 2 个螺钉安装换向器端架。

(5)安装起动机电枢总成。如图4-39所示,将橡胶件对准起动机磁轭总成的凹槽,将电枢安装到起动机磁轭总成上。

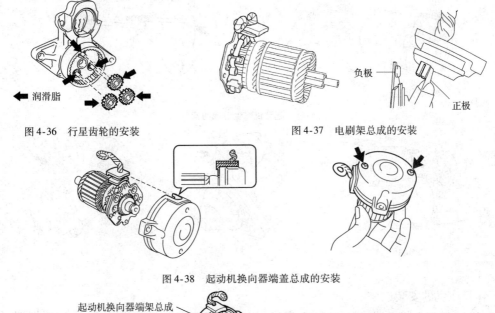

图4-36 行星齿轮的安装

图4-37 电刷架总成的安装

图4-38 起动机换向器端盖总成的安装

图4-39 起动机电枢总成的安装

◆小提示:注意支撑起起动机电枢,以防被磁轭总成的磁力拉出。

(6)安装起动机电枢板。如图4-40所示,将起动机电枢板安装至起动机磁轭总成。

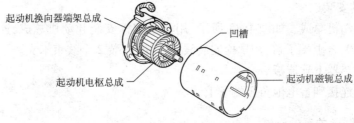

图4-40 起动机电枢板的安装

◆小提示:注意使键槽位于键A和键B之间。

(7)安装起动机磁轭总成。如图4-41所示,将起动机磁轭键对准位于起动机端盖总成上的键槽,用2个螺钉安装起动机磁轭总成。

(8)安装电磁开关总成。如图4-42所示,在铁芯挂钩上涂抹润滑脂,将电磁开关总成的铁芯从上侧接合到驱动杆上,再用2个螺母安装电磁开关总成,将引线连接至电磁开关,最后用螺母固定。

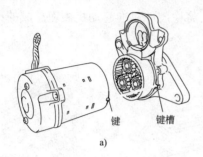 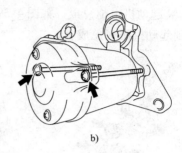

图 4-41 起动机磁轭总成的安装

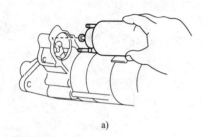 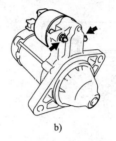 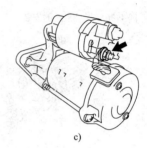

图 4-42 电磁开关总成的安装

4. 起动机的安装

(1) 安装起动机总成。如图 4-43 所示,用 2 个螺栓安装起动机总成,连接连接器,用螺母连接端子 30,合上端子盖,用螺栓安装线束支架,安装 2 个线束卡夹。

(2) 安装散热器上导流板。

(3) 将电缆连接到蓄电池负极端子上。

四、继电器联通关系的测试

如图 4-44 所示,先将可变电阻调到最大值,然后逐渐减小电阻,使触点闭合。当触点刚闭合的瞬间,电压表所指示的数值即为闭合电压。之后再逐渐增大电阻,使触点打开,当触点刚刚打开瞬间,电压表指示的数值即为断开电压。闭合和断开电压应符合表 4-2 的规定,否则应扳动限制钩或改变活动触点臂与铁芯之间的间隙进行调整。

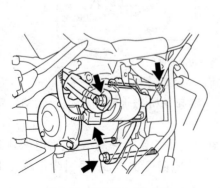 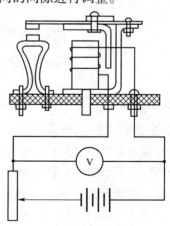

图 4-43 起动机总成的安装　　　　图 4-44 单继电器的测试

项目四 起动机的结构与拆装

起动继电器的闭合电压和断开电压　　　　　　表 4-2

名　称	12V 系统	24V 系统
闭合电压(V)	6~7.6	14~16
断开电压(V)	3~5.5	4.5~8

五、评价与反馈

1. 对学习任务进行评价,如表 4-3 所示。

学习任务评分表　　　　　　表 4-3

考核项目	评分标准	分数	学生自评	小组互评	教师评价	小　计
团队合作	是否和谐	5				
活动参与	是否积极主动	5				
安全生产	有无安全隐患	10				
现场5S	是否做到	10				
任务方案	是否正确、合理	15				
操作过程	起动机电路各部件的查找与连接 拆卸起动机 安装起动机	30				
任务完成情况	是否圆满完成	5				
工具和设备使用	是否规范、标准	10				
劳动纪律	是否严格遵守	5				
工单填写	是否完整、规范	5				
总分		100				
教师签写:			年　月　日		得分	

2. 能否向顾客提出正确使用汽车起动机的建议?

项目五　电子点火系统的结构与分电器的拆装

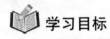学习目标

完成本项目学习后,你应能:
1. 知道电子点火系统的组成及工作原理;
2. 叙述点火系统高低压电路电流的流径;
3. 知道点火系统各部件的名称及作用;
4. 在教师指导下,规范完成磁电式、霍尔式分电器的拆装。

建议课时:12 课时

课题一　电子点火系统的结构与工作原理

点火系统的作用是在发动机各种工况和使用条件下,适时、可靠地产生电火花,点燃汽缸内的可燃混合气。

按点火方式的不同可分为传统点火系统和电子点火系统。传统点火系统的次级电压受发动机汽缸数、火花塞积炭、机械触点等因素的影响,越来越不适应现代发动机对转速、功率和废气排放的要求,因此现在大多数的汽车都已改用高性能的电子点火系统。

电子点火系统按储能方式不同可分为电感储能式和电容储能式;按控制方式不同可分为半导体点火系统和计算机控制点火系统。

一、半导体点火系统

1. 半导体点火系统的组成

半导体点火系统由电源、点火开关、点火线圈、分电器、点火信号传感器、点火控制器(点火模块)、火花塞、高低压导线等部件组成,如图 5-1 所示。

(1)电源。电源是蓄电池或发电机。其作用是供给点火系统所需的电能。发动机起动时,由蓄电池供电;正常工作时,由发电机供电。

(2)点火开关。点火开关的作用是接通或切断点火系统初级电路,控制发动机起动、工作和熄火。

(3)点火线圈。点火线圈的作用是将电源提供的12V的低压电变成能击穿火花塞间隙的15~20kV的高压电。它由初级绕组、次级绕组和铁芯等组成。按磁路的结构形式不同,可分为开磁路式和闭磁路式,如图 5-2、图 5-3 所示。开磁路式点火线圈多用于传统点

项目五 电子点火系统的结构与分电器的拆装

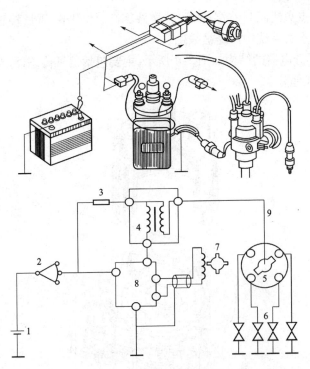

图 5-1 半导体点火系统的组成

1-电源;2-点火开关;3-附加电阻;4-点火线圈;5-分电器;6-火花塞;7-点火信号传感器;8-点火控制器;9-高压导线

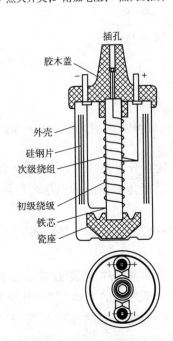

图 5-2 开磁路点火线圈

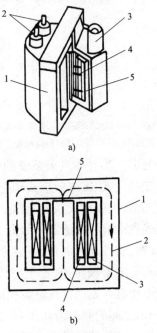

图 5-3 闭磁路点火线圈

a)结构;b)磁路

1-"日"字形铁芯;2-低压接线柱;3-高压线插孔;4-初级绕组;5-次级绕组

73

火系统,闭磁路式点火线圈具有漏磁少、转换效率高、体积小、质量轻、铁芯裸露易于散热等优点,故在电子点火系统中广泛被采用。

(4)分电器。分电器的结构如图5-4所示,主要包括信号传感器、配电器、离心和真空点火提前机构四大部分。

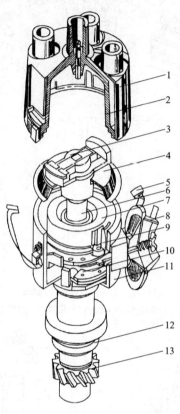

图5-4 分电器的结构

1-屏蔽罩;2-分电器盖;3-分火头;4-防尘罩;5-弹簧夹;6-分电器轴;7-信号转子;8-真空提前装置;9-霍尔信号传感器;10-离心提前装置;11-分电器壳体;12-橡胶密封圈;13-驱动齿轮

①信号传感器。半导体点火系统的信号传感器装在分电器内,按点火信号的产生方式不同可分为磁感应式、霍尔效应式和光电式三种。信号传感器的作用是产生信号电压,输送给点火控制器,控制点火系统工作。

a.磁感应式点火信号传感器。如图5-5所示,磁感应式点火信号传感器由信号转子、定子、传感器线圈、塑性永久磁片、导磁片等组成。

信号转子与分电器轴相连,定子与传感器线圈、塑性永久磁片、导磁片装在底板上。定子和信号转子上均有与发动机汽缸数相同的爪,且两个爪之间的夹角相等,当转子爪与定子爪对齐时,两爪之间的间隙为0.3~0.5mm。形成的磁路为:塑性永久磁片N极→定子→空气隙→信号转子→传感器线圈→导磁片→塑性永久磁片→S极。当分电器轴转动时,定子爪与转子爪之间的空气隙发生周期性变化,使得感应线圈中的磁通量也发生周期性变化,于是在感应线圈中产生交变电动势,如图5-6所示。磁感应式点火信号发生器输出的交变信号受发动机转速的影响很大。转速升高时,传感器线圈中磁通量的变化率增大,感应电动势成正比例增大,信号增强。

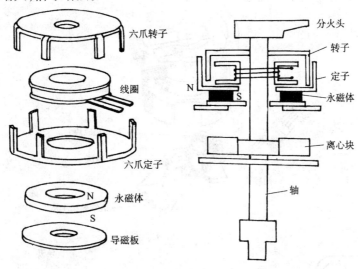

图 5-5 磁感应式信号发生器

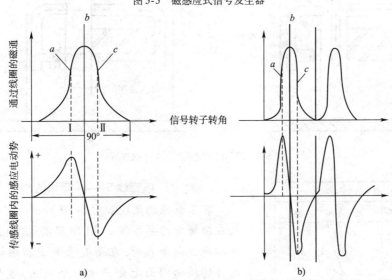

图 5-6 感应线圈内磁通与感应电动势的变化规律
a) 低速;b) 高速

b. 霍尔式点火信号传感器。如图5-7所示,霍尔式点火信号传感器由带有与缸数相同缺口的触发叶轮和信号触发开关组成。触发叶轮与分火头制成一体为转子部分(有的霍尔传感器二者是独立的),与分电器轴联动;触发开关为定子部分,由霍尔集成组件和带有导磁板的永久磁铁组成。其工作原理如图5-8所示。

当叶轮的叶片进入霍尔元件与永久磁铁的空气隙时,由于磁力线被遮挡,则霍尔元件无法产生霍尔电压,此时霍尔信号发生器以高电位输出;当叶轮的缺口进入空气隙时,霍尔元件产生一个霍尔电压,此时霍尔信号发生器以低电位输出;如图5-9所示。带有与缸数相同数目缺口的叶轮不断转动,霍尔信号发生器则产生与之相对应的方波脉冲信号输出,送给点火控制器作为触发信号。

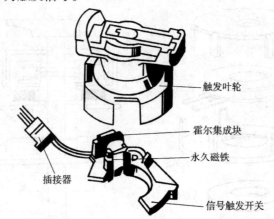

图 5-7 霍尔信号发生器

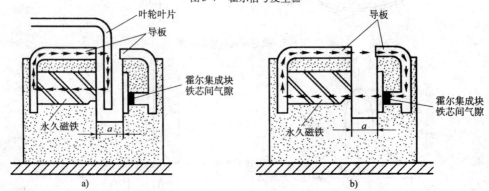

图 5-8 霍尔信号发生器的工作原理图

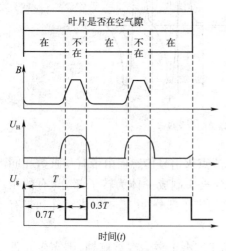

图 5-9 霍尔信号发生器输出信号

拓展学习——霍尔效应

霍尔效应的原理如图 5-10 所示。当电流 I 通过放在磁场中的半导体基片(即霍尔元件)且电流方向和磁场方向垂直时,在垂直于电流和磁场的半导体基片的横向侧面上会产生一个电压,这个电压称为霍尔电压 U_H,这种现象就称为霍尔效应。

霍尔电压的高低与通过的电流和磁感应强度成正比,可用下式表示:

$$U_H = \frac{R_H}{d}IB$$

式中:R_H——霍尔系数;
d——半导体基片厚度,m;
I——电流,A;
B——磁感应强度,T。

由上式可知,当通过电流 I 为一定值时,霍尔电压 U_H 随磁感应强度 B 的大小而变化;

同时也可看出，霍尔电压 U_H 的高低与磁通的变化速率无关。

c. 光电式信号发生器。如图 5-11 所示，光电式信号发生器主要由光源（发光二极管）、光接收器（光敏晶体管）和遮光盘三部分构成。其工作原理是：工作时，遮光盘（信号盘）随分电器轴一起转动，当遮光盘上的缺口对正信号发生器时，LED 的光束触及光敏晶体管，使其产生点火信号电压，送到点火模块；反之则无信号产生。

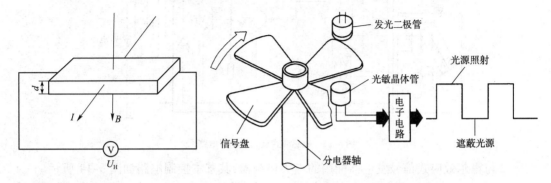

图 5-10　霍尔效应原理　　　　图 5-11　光电式信号发生器

②配电器。由分火头和分电器盖组成；作用是将点火线圈产生的高压电按汽缸的工作顺序送至各缸火花塞。

③点火提前装置。一般设有两套：一套是能根据发动机转速的变化而自动调节点火提前角的装置，称为离心式点火提前装置；另一套是能根据发动机负荷不同而自动调节点火提前角的装置，称为真空式点火提前装置。

（5）点火控制器。不同厂家、不同车型、不同年代所用的点火控制器电路原理及电路参数各不相同，电路的完善程度也存在较大差别，但基本功用是相同的，即根据点火信号发生器所产生的点火脉冲信号，控制点火线圈初级绕组中电流的通和断，以便点火线圈次级绕组产生高压电，供火花塞点火。

①与磁感应式信号发生器配用的点火控制器。图 5-12 为解放 CA1092 型汽车采用的 6TS2107 电子点火控制器，其控制电路如图 5-13 所示。

点火控制器工作原理为：当发动机不转动时，磁感应线圈无信号输出，点火控制器 VT_5 截止，初级电路无电流；接通点火开关，当发动机转动时，磁感应信号发生器的磁感应线圈产生交变的点火信号，送至点火控制器。当输入信号电压下降至某一定值时，开关管 VT_5 导通，点火线圈初级绕组中有电流流过，经点火控制器搭铁；当信号电压上升到某一定值时，开关管 VT_5 截止，点火线圈初级电路被切断，线圈中磁通发生变化，在次级绕组中感应出高压电，经配电器高压线分配给需要点火的工作缸。

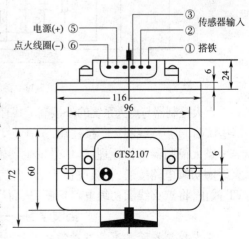

图 5-12　6TS2107 电子点火控制器

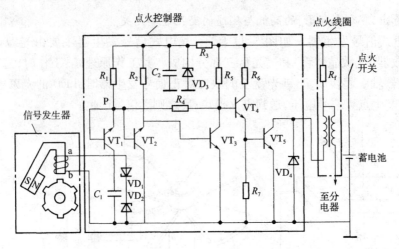

图 5-13 磁感应式点火控制器电路

②与霍尔效应式信号发生器配用的点火控制器,其基本控制电路如图 5-14 所示。

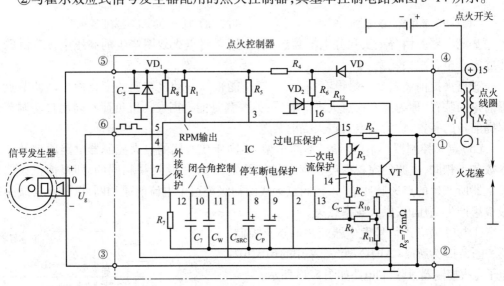

图 5-14 霍尔式点火控制器电路

点火控制器与点火系统的外接端子共有 6 个,①接点火线圈"-"极,②接搭铁,③信号发生器搭铁端,④点火线圈"+"接柱端,⑤信号发生器电源输入端,⑥信号发生器信号输出端。

点火控制器工作原理:当信号发生器输出高电位时,点火控制器中三极管 VT 导通,点火线圈初级电路接通,初级电流上升;当信号发生器输出低电位时,点火控制器中三极管 VT 截止,将点火线圈初级电路切断,从而产生次级高压电。

拓展学习——点火控制器的功能

点火控制器除具有基本功能之外,还具有一些辅助功能:

1. 恒流控制功能:即在发动机转速和电源电压变化时,电子点火控制器可将点火线圈初级电流控制在一定范围内,防止电流过大烧坏点火线圈和点火控制器,同时也可实现恒能点火;

2. 停车断电功能:当发动机突然停转,而点火开关仍闭合时,点火控制器可在 0.5s 内

缓慢切断点火线圈初级电路,防止长时间通电而导致点火线圈和点火控制器烧坏;

3. 低速推迟点火功能:在发动机转速低时,推迟输入信号功能,可使发动机起动时延迟点火,以利于起动;

4. 过电压保护功能:当电源电压超过30V时,点火控制器能自动切断初级电路,从而防止烧坏点火线圈、点火控制器等,保证点火系统线路的安全。

③与光电式信号发生器配用的点火控制器,其基本控制电路如图5-15所示。

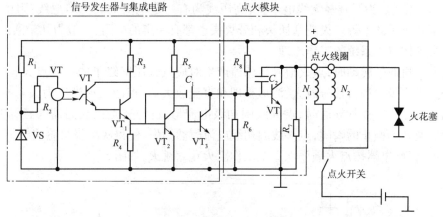

图5-15 光电式点火控制器电路

其工作原理是:接通点火开关,遮光盘未挡住光线通道时,点火模块中三极管VT导通,点火线圈初级回路接通;遮光盘挡住光线通道时,点火模块中三极管VT截止,点火线圈初级回路切断,次级绕组产生高压电。

(6)火花塞。火花塞的作用是将高压电引入汽缸燃烧室产生电火花点燃混合气,结构如图5-16所示。火花塞的电极间隙一般为0.7~0.9mm,为适应发动机排气净化的要求,采用稀混合气,火花塞的间隙可增大至1.0~1.2mm。

拓展学习——火花塞的选用

火花塞工作时,周期性地受到高温燃气作用,使绝缘体裙部温度升高,这部分热量主要通过壳体、绝缘体、中心电极、金属杆等传至缸体或散发到空气中,当吸收和散发的热量达到平衡时,火花塞的各个部分将保持一定的温度。火花塞的发火部位吸热并向发动机冷却系散发的性能,称为火花塞的热特性。实践证明,当火花塞绝缘体裙部的温度保持在500~600℃时,落在绝缘体上的油滴能立即烧去,不形成积炭,这个温度称为火花塞的自净温度。低于这个温度时,火花塞常因产生积炭而漏电,导致不点火;高于这个温度时,则当混合气与炽热的绝缘体接触时,可能早燃而引起爆燃,甚至在进气行程中燃烧,产生回火现象。

火花塞的热特性主要取决于绝缘体裙部的长度。绝缘体裙部

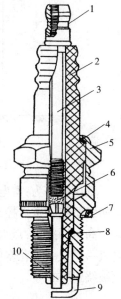

图5-16 火花塞的结构
1-接线螺母;2-绝缘体;
3-金属杆;4、8-内垫圈;
5-壳体;6-导体玻璃;7-多层密封垫圈;9-侧电极;
10-中心电极

长的火花塞,受热面积大,传热距离长,散热困难,裙部温度高,称为热型火花塞;反之,裙部短的火花塞,受热面积小,传热距离短,容易散热,裙部温度低,称为冷型火花塞。热型火花塞适用于低速、低压缩比、小功率发动机;冷型火花塞适用于高速、高压缩比、大功率发动机。

火花塞的热特性常用热值或炽热数表示。我国是以绝缘体裙部长度标定的热值表示。热值代号1、2、3为热型火花塞;4、5、6为中型火花塞;7、8、9、10、11为冷型火花塞。

(7)高压线。为了减轻无线电干扰,高压线为有一定电阻的高压阻尼线,阻值一般在几千欧至几十千欧不等。火花塞插头和分火头也都有一定的电阻,一般为几千欧。

2. 半导体点火系统的工作原理

当发动机曲轴转动时,点火信号传感器产生对应汽缸压缩终了的正时点火脉冲信号,此信号经点火模块进行信号放大、波形整理和直流放大后,控制点火模块内大功率三极管的导通和截止。三极管导通时,点火线圈初级电流形成回路,点火线圈储存磁场能;在三极管由导通变为截止的瞬间,点火线圈初级电流骤然消失,使得次级绕组感应出20~25kV的高压电,经配电器按点火顺序配送至工作缸火花塞跳火,如图5-17所示。

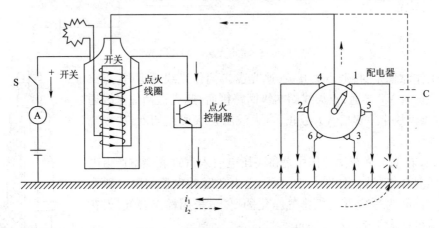

图5-17 半导体点火系统的工作原理

低压回路为:蓄电池或发电机" + "→电流表→点火开关"ON"挡→附加电阻→点火线圈初级绕组→点火控制器→搭铁→蓄电池或发电机" - "。

高压回路为:点火线圈次级绕组" + "→附加电阻→点火开关→电流表→蓄电池或发电机→搭铁→火花塞侧电极、中心电极→分缸高压线→配电器→中央高压线→点火线圈次级绕组" - "。

二、计算机控制点火系统

计算机控制的点火系统能使发动机的点火提前角在各种运转条件下得到更精确的控制,使发动机的实际点火提前角接近理想点火提前角。

1. 计算机控制点火系统的组成、分类和工作原理

(1)计算机控制点火系统的组成。计算机控制点火系统的组成如图5-18所示。它主要有传感器、电控单元和执行器三部分组成。各部分的作用见表5-1所示。

项目五 电子点火系统的结构与分电器的拆装

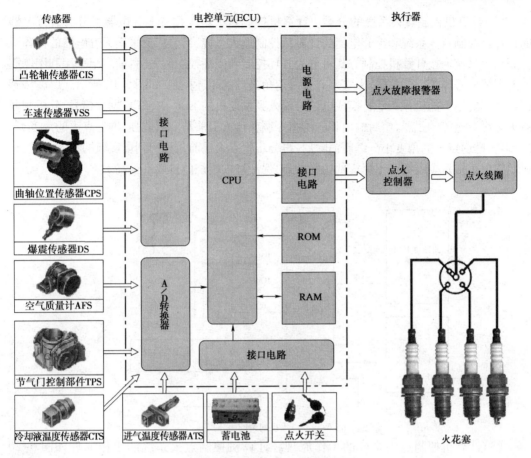

图 5-18 计算机控制点火系统的组成

计算机控制点火系统的组成及功用　　　　　　　　　　　　表 5-1

组 成		功 能
传感器	空气流量计	检测进气量信号输入 ECU，点火系统的主控制信号
	进气歧管压力传感器	
	曲轴位置传感器	检测曲轴转角（转速）信号输入 ECU，点火系统的主控制信号
	凸轮轴位置传感器	检测凸轮轴转角信号输入 ECU，点火系统的主控制信号
	节气门位置传感器	检测节气门开度信号输入 ECU，点火提前角的修正信号
	冷却液温度传感器	检测发动机冷却液温度信号输入 ECU，点火提前角的修正信号
	进气温度传感器	检测进气温度信号输入 ECU，点火提前角的修正信号
	爆震传感器	检测发动机的爆震信号输入 ECU，点火提前角的修正信号
	起动开关	向 ECU 输入发动机起动信号，点火提前角的修正信号
执行器	点火控制器	根据 ECU 输出的点火控制信号控制点火线圈初级绕组的通断，在次级绕组中产生高压电；同时向 ECU 反馈点火确认信号
	ECU	根据各传感器输入的信号，计算出最佳点火提前角，并将点火控制信号送给点火控制器

（2）计算机控制点火系统的分类。计算机控制点火系统按有无分电器可分为有分电器的计算机控制点火系统和无分电器的计算机控制点火系统，目前广泛采用无分电器的计算机控制点火系统。按计算机控制方式可分为开环控制和闭环控制两种，目前广泛采用利用爆震传感器的信号作为反馈信号，来实现点火提前角最佳的闭环控制，如图 5-19 所示。爆震传感器将传到缸体上的机械振动转换成电信号输入到发动机的 ECU 中，ECU 据此信号，分析判断有无爆震及爆震的强弱，然后输出相应的指令调整点火提前角。爆震强，推迟点火的角度大；爆震弱，推迟点火的角度小。爆震消除后，再分步将点火提前角移回到爆震前的状态，让发动机始终处于接近爆震而又不爆震的边缘状态，保证缸内燃烧的热效率最高。

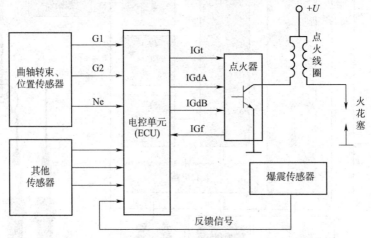

图 5-19 点火提前角的闭环控制

（3）计算机控制点火系统的工作原理。计算机控制点火系统的工作原理如图 5-20 所示。

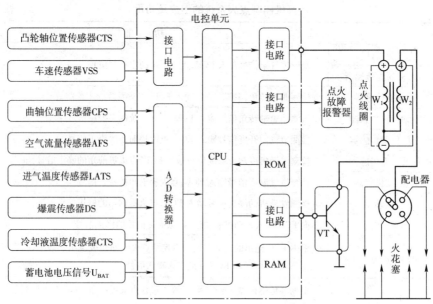

图 5-20 计算机控制点火系统的工作原理图

发动机工作时,各传感器不断检测发动机的转速、负荷、进气温度、冷却水温等信号,并将这些信号送入电控单元,电控单元根据这些信号进行查找、运算、修正,将计算结果转变为控制信号,向点火模块发出指令,接通点火线圈初级电路,经最佳导通时间后,再发出指令切断点火线圈初级电路,在切断初级电路的瞬间,次级绕组中产生高压电,经配电器送到火花塞,点燃汽缸中的混合气体。

2. 计算机控制点火系统的主要元件

(1) 信号发生器。计算机控制点火系有两个信号发生器,一个用来产生凸轮轴位置信号—G信号(判缸信号),它主要用来确定点火时刻控制基准和汽缸的判别(1缸或1缸对应缸的压缩上止点时刻);一个用来产生曲轴位置信号—Ne信号(转速信号),它主要用来计算发动机转速、点火提前角和通电时间,如图5-21所示。有分电器的计算机控制点火系统,两个信号发生器通常安装在分电器内;无分电器的计算机控制点火系统,凸轮轴位置传感器一般装在凸轮轴的前端,曲轴位置传感器有的装在曲轴前端,也有的装在飞轮齿圈上。

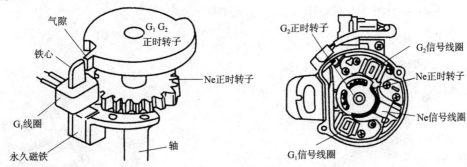

图 5-21 信号发生器

(2) 分电器。目前,在计算机控制点火系统中分电器的结构形式有4种。

①带信号发生器和配电器的分电器。其结构如图5-22所示,主要有凸轮轴位置传感器、曲轴位置传感器、分火头、分电器盖、壳体等组成。其功用主要是为发动机控制单元提供凸轮轴和曲轴位置信号。

②带信号发生器、点火器和配电器的分电器。其结构如图5-23所示,主要有凸轮轴位置传感器、曲轴位置传感器、点火器、分电器转子、分电器盖、分电器壳体等组成。它不但能为发动机控制单元提供凸轮轴和曲轴位置信号,还可以通过点火器控制点火线圈初级绕组的电流通断。

③带信号发生器、点火线圈和配电器的分电器。其结构如图5-24所示,主要有凸轮轴位置传感器、曲轴位置传感器、点火线圈、电容器、分电器盖、分电器壳体等组成。它不但能为发动机控制单元提供凸轮轴和曲轴位置信号,还由于采用内置点火线圈,取消了中央高压线,使点火系统结构紧凑。

④带信号发生器、点火器、点火线圈和配电器的分电器。其结构如图5-25所示,主要有凸轮轴位置传感器、曲轴位置传感器、点火器、点火线圈、分火头、分电器盖、壳体等组成。它不但能为发动机控制单元提供凸轮轴和曲轴位置信号,它还将点火系统部件全部组装在一起,使点火系统更加紧凑。

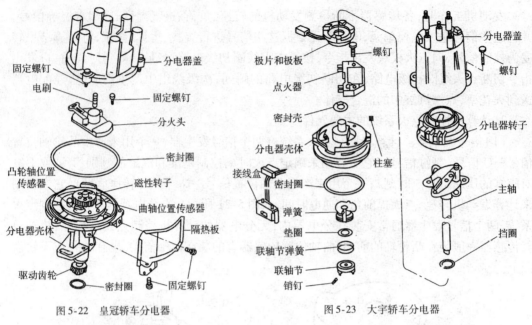

图 5-22 皇冠轿车分电器　　　　图 5-23 大宇轿车分电器

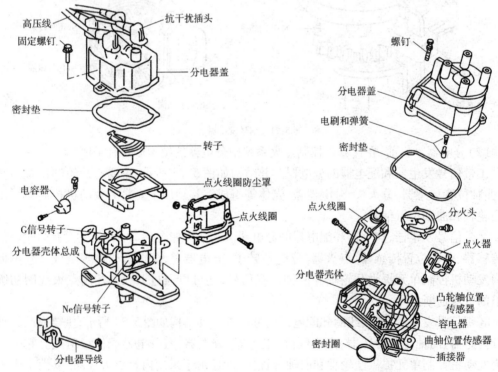

图 5-24 丰田轿车分电器　　　　图 5-25 本田雅阁轿车分电器

（3）点火线圈。计算机控制点火系统若带配电器,则点火线圈的结构形式与传统点火系统近似,仅安装方式不同,在此不再赘述;若不带配电器,则点火线圈有 3 种结构形式:一是分组点火配用的点火线圈;二是独立点火配用的点火线圈;三是二极管点火配用的点火线圈。

①分组点火配用的点火线圈。分组点火配用的点火线圈采用小型闭磁路点火线圈，如图 5-26 所示。每组点火线圈供应两缸同时点火，压缩行程的汽缸压力较高，所需跳火电压高，排气行程汽缸压力接近大气压，所需电压低，因此能保证压缩行程汽缸有足够的点火能量。为防止初级绕组接通的瞬间误跳火，在电路中设置有高压二极管。

②独立点火配用的点火线圈。独立点火方式是指一个汽缸配用一个点火线圈，内部结构如图 5-27 所示，点火线圈直接安装在汽缸盖上，没有分缸高压线，点火能量损失小，各缸的点火时刻更准确。

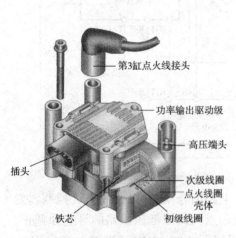

图 5-26 分组点火配用的点火线圈

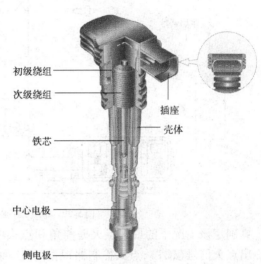

图 5-27 独立点火配用的点火线圈

③二极管点火配用的点火线圈。二极管配电方式如图 5-28 所示，它是利用二极管的单向导通特性，对点火线圈产生的高压电进行分配的同时点火方式。

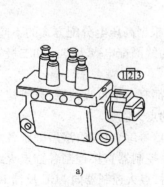

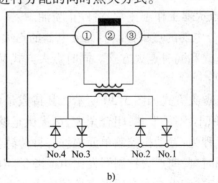

图 5-28 二极管点火配用的点火线圈
a)点火线圈外观；b)点火线圈内部电路

3. 计算机控制点火系统的点火控制方式

(1)有分电器的点火控制。如图 5-29 所示为丰田 5S—FE 发动机的点火控制系统，它将点火线圈、点火控制器、信号发生器等部件设计在分电器内，减少了外部线路的连接，降低了故障率。

其工作过程为：发动机工作时，发动机的电控单元根据接收到的各种传感器信号，计

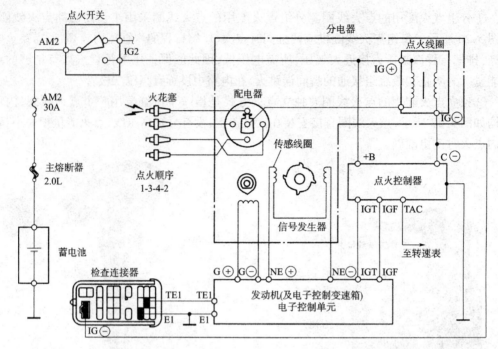

图 5-29　丰田 5S—FE 发动机的点火控制系统

算确定该工况下的最佳点火提前角和点火线圈低压电路闭合角,并以此向点火控制器发出点火信号(IGT),点火控制器根据 ECU 的指令,控制点火线圈低压回路的导通和截止。当低压回路导通时,点火线圈储存磁场能;当低压回路截止时,在次级绕组中产生 15～20kV 的高压电,经配电器分配到工作缸的火花塞。与此同时,点火器还给 ECU 一个点火反馈信号(IGF),ECU 据此来确认点火器的工作情况。如果 ECU 连续 6 次未收到 IGF 信号,就认为点火器工作不正常,将停止喷油。

(2)无分电器的点火控制。无分电器的点火控制根据高压电分配方式的不同,可分为独立点火方式和同时点火方式。同时点火方式又分为线圈配电点火方式和二极管配电点火方式两种。

①独立点火方式如图 5-30 所示。其特点是各缸都有一个点火线圈,且直接压装在火花塞上,体积小,不易发热;闭合角大,可提供足够高的点火能量。

工作过程为:发动机控制单元根据各种传感器的信号综合计算,最后确定各缸点火提前角的精确时刻,向点火控制器发出 IGt 指令,由点火控制器直接控制各缸点火线圈初级回路的搭铁,并产生二次高压电直接传给火花塞;同时,点火控制器向 ECU 反馈 IGf 信号。

②线圈配电的点火方式如图 5-31 所示。其特点是将两个同时到达上止点的汽缸分为一组,共用一个点火线圈,且点火线圈的总数量是汽缸数的一半。与独立点火方式相比,其结构和控制电路较简单,故应用比较多,但能量损失略大。

以 6 缸发动机为例,1-6 缸、2-5 缸、3-4 缸分别为对应缸,分为 3 组,每组共用一个点火线圈,同时向两个缸的火花塞供电。当点火线圈初级电路断电时,一个汽缸接近压缩行程上止点,火花塞跳火点燃该缸的混合气,称为有效火;另一缸接近排气行程上止点,火花塞跳火不起作用,称为无效火。

项目五 电子点火系统的结构与分电器的拆装

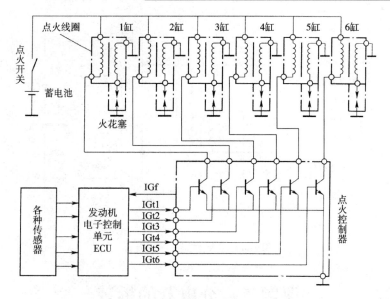

图 5-30 独立点火控制方式

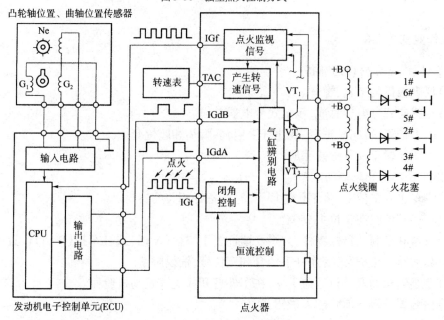

图 5-31 线圈配电的点火方式

当 IGt 信号为高电位时，相应缸点火的初级回路接通，当 IGt 信号为低电位时，切断被接通的初级回路，在相应点火线圈的次级绕组中产生高压电，点燃可燃混合气使发动机做功。

③二极管配电的点火方式如图 5-32 所示。它主要针对 4 缸或 4 的整数倍汽缸发动机而设计的点火系统。其特点是：4 个汽缸共用一个点火线圈，利用 4 个二极管的单向导电性交替完成 1、4 缸和 2、3 缸配电过程。它对点火线圈要求较高，且受发动机缸数的限制，故应用不是十分广泛。

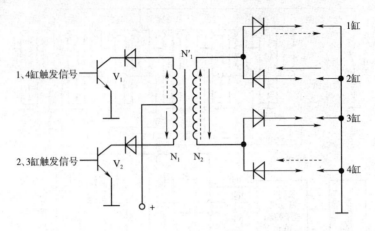

图 5-32 二极管配电的点火方式

课题二 分电器的拆装

一、作业前的准备

1. 工具、设备和材料的准备

(1) 仪表板拆装工具、螺丝刀。

(2) 磁感应式分电器总成、霍尔式分电器总成。

(3) 磁力护裙、转向盘护套、变速杆手柄套、脚垫和座位套。

(4) 卡罗拉轿车及其维修手册。

2. 作业前场地和车辆的准备

(1) 汽车进入工位前,将工位清理干净,准备好相关的器材。

(2) 将汽车停驻在工位中央位置。

(3) 拉紧驻车制动器操纵杆,并将变速杆置于空挡(N挡)或驻车挡(P挡)位置。

(4) 套上转向盘护套、变速杆手柄套和座位套,铺设脚垫。

(5) 在车内拉动发动机舱盖手柄,在车外打开并支撑发动机舱盖。

(6) 粘贴翼子板和前脸磁力护裙。

二、CA1092车用FD663型磁感应式分电器(如图5-33所示)的拆装

(1) 打开分电器盖,取下分火头。

(2) 用卡簧钳取下转子轴上的卡簧,取出转子轴上的圆柱销,拆下信号转子。

(3) 拆除传感线圈总成及插座护套。

(4) 拆下真空式点火调节装置。

(5) 拆下定子及信号发生器底板组件。

(6) 取出离心式点火调节装置。

(7) 冲出销钉,取出分电器轴。

项目五 电子点火系统的结构与分电器的拆装

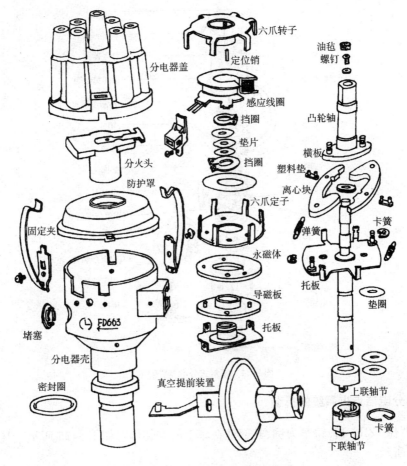

图 5-33 磁感应式分电器解体示意图

(8) 分电器装复与解体步骤正好相反,按解体时的逆序装复。

◆小提示:分电器装复时应注意分电器轴轴向间隙不得超过 0.25mm;转子与定子之间的间隙应为 0.4mm;分火头与分电器轴之间有一定的相对转动角度。

三、桑塔纳轿车用霍尔式分电器(如图 5-34 所示)的拆装

(1) 扳开分电器盖的固定夹,依次取下分电器盖、分火头、防尘罩。
(2) 拆下挡圈,轻轻取下定位销用专用拉器(或用两把螺丝刀小心对撬)取下转子。
(3) 拆下分电器盖固定夹(记住方向要求)。将霍尔信号发生器同插接器一起取下。
(4) 拆下真空点火提前装置固定螺钉,取下真空点火提前装置。
(5) 拆下垫圈,拆下底板固定螺钉,取下底板、螺钉、复位弹簧。
(6) 拆下分电器凸轮轴中心油毡拆出连轴螺钉,取下复位弹簧、凸轮轴、离心块。
(7) 拆出分电器轴下端横销,取下联轴节、垫圈及分电器轴。
(8) 分电器装复与解体步骤正好相反,按解体时的逆序装复。

◆小提示:分电器轴轴向间隙不得超过 0.25mm;转子叶片与霍尔元件间的间隙应均匀;分火头与分电器轴之间有一定的相对转动角度。

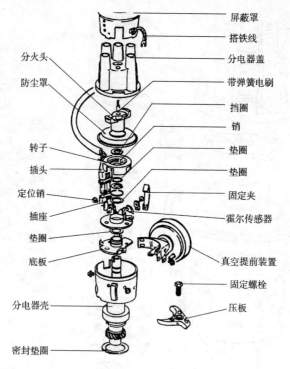

图5-34 霍尔式分电器分解图

四、无分电器点火系统的拆装

以卡罗拉1ZR—FE轿车为例，其部件在车上的安装位置如图5-35所示。其系统连接如图5-36所示。

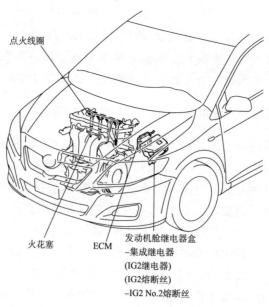

图5-35 点火系统部件安装位置图

项目五 电子点火系统的结构与分电器的拆装

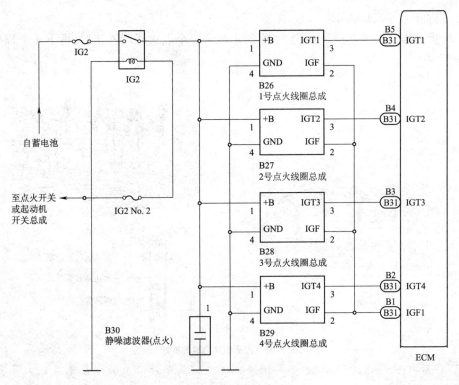

图 5-36 点火系统电路图

1. 点火线圈和火花塞的拆卸

拆装点火系统相关部件分解图如图 5-37 所示。

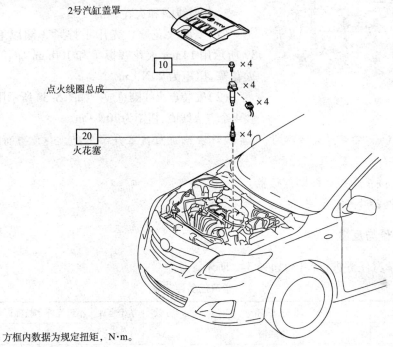

方框内数据为规定扭矩，N·m。

图 5-37 点火系统相关部件分解图

(1)拆卸2号汽缸盖罩。

(2)拆卸点火线圈总成。如图5-38所示断开4个点火线圈连接器,拆下4个螺栓和4个点火线圈。

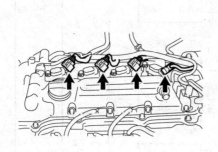
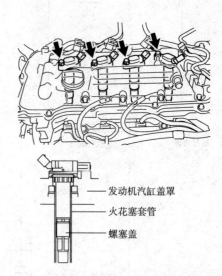

发动机汽缸盖罩
火花塞套管
螺塞盖

图5-38　点火线圈总成的拆卸

◆小提示:拆下点火线圈时,不要损坏发动机缸盖罩开口上的火花塞盖或火花塞套管顶部边缘。

(3)拆卸火花塞。如图5-39所示用14mm火花塞扳手和100mm加长杆拆下4个火花塞。

2.点火线圈和火花塞的安装

(1)安装火花塞。先用手拧紧3圈以上,再如图5-39所示用14mm火花塞扳手和100mm加长杆安装4个火花塞,扭矩为20N·m。

图5-39　火花塞的拆卸

(2)安装点火线圈总成。如图5-38所示用4个螺栓安装4个点火线圈,扭矩为10N·m。

◆小提示:安装点火线圈时,不要损坏发动机缸盖罩开口上的火花塞盖或火花塞套管顶部边缘。

(3)连接4个点火线圈连接器。

3.安装2号汽缸盖罩

五、评价与反馈

1.对学习任务进行评价,如表5-2所示。

学习任务评分表　　　　　　　表5-2

考核项目	评分标准	分数	学生自评	小组互评	教师评价	小　计
团队合作	是否和谐	5				
活动参与	是否积极主动	5				

项目五　电子点火系统的结构与分电器的拆装

续上表

考核项目	评分标准	分数	学生自评	小组互评	教师评价	小　计
安全生产	有无安全隐患	10				
现场5S	是否做到	10				
任务方案	是否正确、合理	15				
操作过程	点火系统电路各部件的查找与连接 拆卸分电器 安装分电器 火花塞和点火线圈的更换	30				
任务完成情况	是否圆满完成	5				
工具和设备使用	是否规范、标准	10				
劳动纪律	是否能严格遵守	5				
工单填写	是否完整、规范	5				
总分		100				
教师签写：		年　月　日			得分	

2. 能否向顾客提出正确检查汽车点火系统的建议？

项目六　车身与驾驶室电器的识读

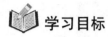

完成本项目学习后,你应能:
1. 叙述驾驶室电器的组成及作用;
2. 知道驾驶室电器的操控方法;
3. 叙述车身电器的组成及作用;
4. 知道车身电器的操控方法。

建议课时:10课时

课题一　驾驶室电器的识读

汽车驾驶室、发动机舱内、车身各部位布置有各种各样的电器,下面以卡罗拉1.6车型为主,教你正确识读驾驶室电器。

一、钥匙

不带智能进入和起动系统的车辆和带智能进入和起动系统的车辆,钥匙配置有所不同。图6-1所示为不带智能进入和起动系统的车辆钥匙,分别有主钥匙1、副钥匙2和钥匙号码牌3组成。主钥匙能开启车上所有的锁,副钥匙能开启除行李舱和杂物舱以外的所有锁,钥匙标志牌上标有主、副钥匙的相关信息、可凭此牌配钥匙。

图6-2所示为带智能进入和起动系统的车辆钥匙,分别有电子钥匙1、机械钥匙2和钥匙号码牌3组成。只要随身携带电子钥匙(如放在衣袋内),即可锁止和解锁车门、解锁行李舱和起动发动机。只要电子钥匙处于有效作用范围内,任何人皆可锁止或解锁车门。如果电子钥匙电池电量耗尽或进入功能不能正常工作,则需使用机械钥匙。使用机械钥匙后,将其存放于电子钥匙内,将机械钥匙和电子钥匙一起携带。

◎小提示:如果车辆解锁后约30秒内未打开车门,则安全功能会再次自动锁止车辆。

二、仪表板及方向柱上电器识读

因为转向盘及转向柱离驾驶人较近,为了便于驾驶人操纵,所以汽车往往把点火开关等许多开关装在此处。为了节省空间,便于操纵,同时把各种开关进行组合设计,用一个手柄的上下、前后移动或旋转来完成对电器的操纵,形成组合开关,如多将转向开关、小灯

项目六 车身与驾驶室电器的识读

与前照灯开关、变光开关、刮水器开关、洗涤器开关等组装在一起。不同汽车转向盘及方向柱上电器开关的布置有所不同。

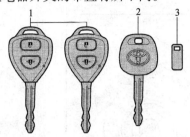

图 6-1 不带智能进入和起动系统的车辆钥匙

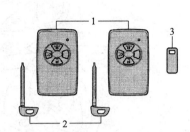

图 6-2 带智能进入和起动系统的车辆钥匙

为使驾驶人及时获取汽车各系统工作状态的相关信息或对某些电器进行操纵，在驾驶室转向盘的前方仪表板上都装有仪表、报警灯及电子显示装置、空调开关等，而且不同车型汽车仪表板的形状及布置也有所不同。卡罗拉轿车仪表板上电器零件布置如图6-3所示。

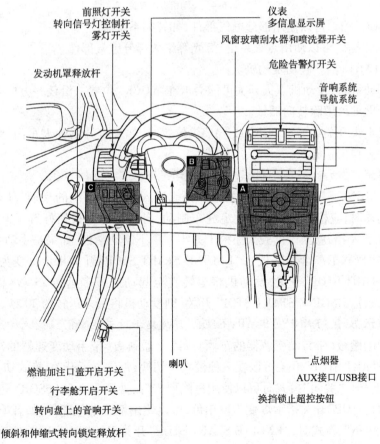

图 6-3 卡罗拉轿车仪表板电器零件位置

1. 发动机点火开关

发动机点火开关可控制发动机的点火系统、收放机、起动机等。图6-4所示为卡罗拉轿车点火开关图。

(1)"LOCK"挡。转向盘锁定并拔出钥匙。带自动变速器或无级变速器的车辆,只有换挡杆置于P挡时,可以拔出钥匙。

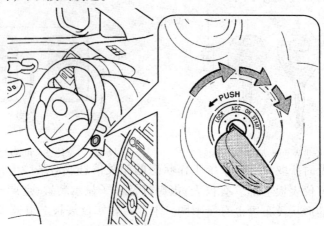

图6-4 发动机点火开关

(2)"ACC"挡。可以使用部分电气部件,如音响系统等。

(3)"ON"挡。可以使用点火系统、灯光等绝大部分电气部件。

(4)"START"挡。起动发动机。

起动发动机时,发动机点火开关可能会卡在"LOCK"位置。沿任一方向轻轻转动转向盘时转动钥匙即可解除转向器锁。

发动机点火开关处于"LOCK"或"ACC"位置时,如果打开驾驶人车门,则蜂鸣器鸣响以提示驾驶人拔出钥匙。

◆小提示:起动发动机时,在任何情况下均不得踩下加速踏板。

(5)"ENGINE START STOP"开关。带智能进入和起动系统的车辆,具有一键起动功能。一键起动时,应检查并确认已设定驻车制动,自动变速器换挡杆置于P挡、手动变速器换挡杆置于N挡,就坐于驾驶人座椅上并牢固踩下制动踏板(如果是手动变速器换挡杆置于N挡,牢固踩下离合器踏板),"ENGINE START STOP"开关指示灯变为绿色后,按下"ENGINE START STOP"开关,发动机将运转直至起动或最多运转25秒(以时间短者为准)。如果按住"ENGINE START STOP"开关,则发动机将最多运转约30秒。

◆小提示:如果"ENGINE START STOP"开关指示灯未变绿色,则发动机不能起动。

松开制动踏板(带自动变速器的车辆)或离合器踏板(带手动变速器的车辆)时,按下"ENGINE START STOP"开关可以在三种模式间切换,每按一下开关,模式切换一次。如图6-5所示,处于1"关闭"模式时可以使用危险警告灯;处于2"ACCESSORY"模式时,"ENGINE START STOP"开关指示灯变为琥珀色,可以使用部分电气部件,如音响系统等;处于3"IGNITION ON"模式时,"ENGINE START STOP"开关指示灯变为琥珀色,可以使用所有电气部件。

要解除转向盘锁,在按下"ENGINE START STOP"开关的同时轻轻向左或向右转动转向盘。未解除转向盘锁时,"ENGINE START STOP"开关指示灯将呈绿色闪烁。

"ENGINE START STOP"开关指示灯呈琥珀色闪烁时,系统可能出现故障。

项目六 车身与驾驶室电器的识读

换挡杆置于 P 挡时,如果车辆处于"ACCESSORY 模式"1h 以上,则"ENGINE START STOP"开关将自动关闭。

2. 灯光控制开关

(1) 车灯开关。详见项目七相关介绍。

(2) 转向信号灯开关。打开点火开关状态下,如图 6-6 所示,将转向信号灯开关往 1 方向移动控制杆,右转时发出转向信号;往 3 方向移动控制杆并保持在中途位置,发出变道信号,此时右侧转向信号灯将闪烁直到松开控制杆为止。往 2 方向移动控制杆,左转时发出转向信号;往 4 方向移动控制杆并保持在中途位置,发出变道信号,此时左侧转向信号灯将闪烁直到松开控制杆为止。

(3) 雾灯开关。卡罗拉轿车在前照灯或前示宽灯打开时可使用雾灯,前雾灯打开时才可使用后雾灯。如图 6-7 所示,图中 1 位置是关闭位置,2 位置时打开前雾灯,3 位置时打开前雾灯和后雾灯。松开开关后调节环将返回到 1 位置。再次旋转开关调节环仅能关闭后雾灯,如要关闭前雾灯,需将雾灯开关转回到关闭位置。

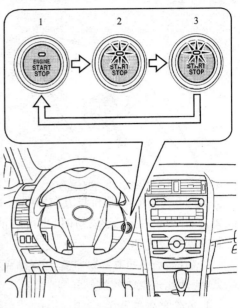

图 6-5 "ENGINE START STOP"开关模式

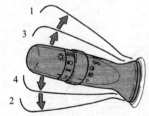

图 6-6 转向信号灯开关

3. 巡航控制开关

使用巡航控制系统后,无需使用加速踏板即可使车辆维持设定车速。如图 6-8 所示按下"ON-OFF"按钮,可打开巡航控制,再次按下该按钮可解除巡航控制。

如图 6-9 所示,加速或减速至所需车速,然后下压控制杆以设定巡航控制速度。

如图 6-10 所示,往 1 方向可提高速度,往 2 方向可降低速度,按住控制杆,直到达到所需的速度设定,轻轻向上或向下推控制杆然后松开即可微调设定速度。

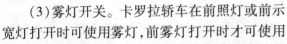

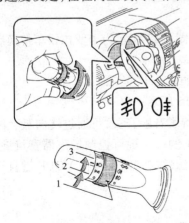

图 6-7 雾灯开关

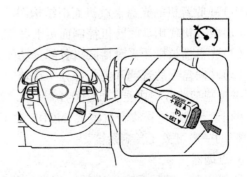

图 6-8 打开巡航控制开关

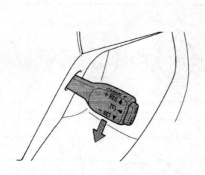

图6-9 设定巡航控制速度　　　　　图6-10 调节设定车速

如图6-11所示,朝自身方向即图示1方向压控制杆可取消巡航控制。踩下制动踏板或离合器踏板(手动变速器)时,也可取消速度设定。往2方向向上推控制杆可恢复巡航控制并恢复设定速度。

◎小提示:只有在换挡杆置于D挡或S挡(带无级变速器的车辆)、车速大约在40km/h以上时,才能设定巡航控制。

4. 危险警告灯开关

如果车辆出现故障或遭遇交通事故,可使用危险警告灯。按下图6-12所示危险警告灯开关,则所有转向信号灯闪烁。再次按下该开关,则关闭所有转向信号灯。

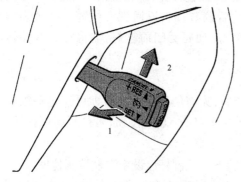

图6-11 取消和恢复常规加速　　　　　图6-12 危险警告灯开关

◎小提示:发动机不运转时,若无必要,应关闭危险警告灯,防止蓄电池电量耗尽。

5. 带换碟机和AM/FM收音机的光盘播放机

汽车仪表板上往往会装有音响系统控制面板。如图6-13所示为卡罗拉轿车带换碟机和AM/FM收音机的光盘播放机面板结构图。

(1)收音机使用。收音机控制面板上各部分功能如图6-14所示。

(2)光盘播放机。光盘播放机各部分功能如图6-15所示。

(3)转向盘上的音响开关。部分车在转向盘上设置了音响开关,可通过转向盘上的音响开关控制某些音响功能。如图6-16所示。按图示1的 +、-键可控制扬声器音量键,图示2的上、下键可选择收音机模式,MODE键可接通电源、选择音源,按住MODE键直至听到"嘟"的一声可关闭音响系统。

6. 点烟器

一般汽车上都配置有点烟器。当发动机开关处于"ACC"位置或"ON"位置时,按图

项目六 车身与驾驶室电器的识读

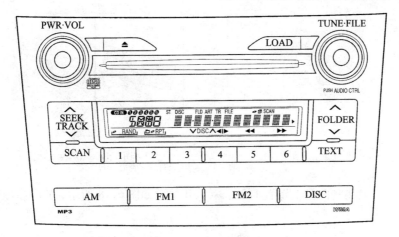

图 6-13 带换碟机和 AM/FM 收音机的光盘播放机

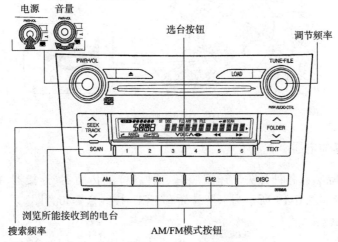

图 6-14 收音机使用按钮说明

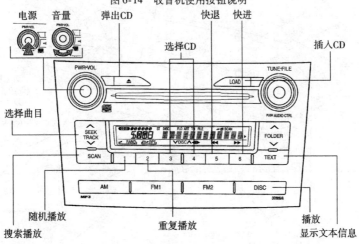

图 6-15 光盘播放机使用按钮说明

6-17所示方向拉起盖将其打开,然后按下点烟器,等加热后点烟器会自动弹出。

◎**小提示**:使用时,不要一直按住点烟器,否则可能会使点烟器过热而导致起火。

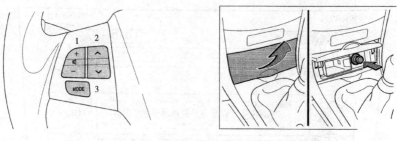

图 6-16 转向盘上的音响开关　　　　图 6-17 点烟器

7. 喇叭开关

现代轿车一般在转向盘上设置 1-2 个喇叭开关。如图 6-18 所示,按下喇叭开关，喇叭发响。

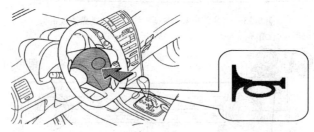

图 6-18 喇叭开关

三、驾驶室其他电器

汽车驾驶室除装有各种开关外还安装有各种各样的传感器、连接器、接线盒、ECU 总成、执行器总成等。图 6-19 所示为卡罗拉轿车 ECU、接线盒等布置图。

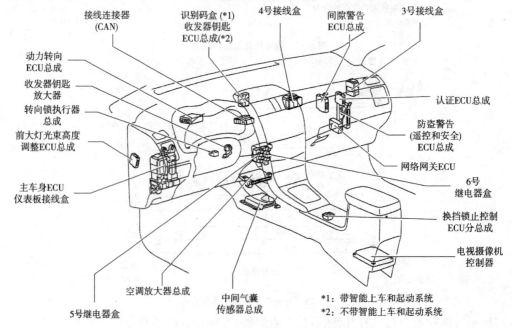

图 6-19 卡罗拉汽车驾驶室 ECU、接线盒等布置图

四、评价与反馈

1. 对学习任务进行评价,如表 6-1 所示。

学习任务评分表　　　　　　　　　　　　　　　　　　　表 6-1

考核项目	评分标准	分数	学生自评	小组互评	教师评价	小　计
团队合作	是否和谐	5				
活动参与	是否积极主动	5				
安全生产	有无安全隐患	10				
现场 5S	是否做到	10				
任务方案	是否正确、合理	15				
操作过程	汽车钥匙的功能介绍 发动机点火开关正确操作 灯光开关正确操作 刮水器及洗涤器组合开关正确操作 巡航控制开关正确操作 危险警告灯开关正确操作 光盘播放机和收音机正确操作 仪表板上各指示灯及警告灯的识读	30				
任务完成情况	是否圆满完成	5				
工具和设备使用	是否规范、标准	10				
劳动纪律	是否能严格遵守	5				
工单填写	是否完整、规范	5				
总分		100				
教师签写:		年　月　日		得分		

2. 能否向顾客介绍各种开关的用法?

课题二　车身电器的识读

车身电器种类繁多,结构复杂。其中属于车身电器设备的主要有以下几个系统:
1. 照明系统
照明系统包括车外和车内的照明灯具,提供车辆夜间安全行驶必要的照明。
2. 信号系统
信号系统包括音响信号和灯光信号,提供安全行车所必需的信号。

3. 组合仪表系统

用来监测发动机和汽车的工作情况,使驾驶人能够及时了解发动机及汽车运行的各种参数并发现异常情况,确保汽车正常运行。

4. 辅助电器系统

辅助电器系统包括风窗玻璃刮水器和洗涤器、电动车窗、电动后视镜、中央门锁、防盗装置等。辅助电器设备主要是增加操作的舒适性和安全性,车辆的豪华程度越高,辅助电器设备也越多。

汽车发动机舱大量电器,如:发动机、发电机、起动机、喷油器、传感器、点火线圈等。图 6-20 和图 6-21 所示为卡罗拉轿车 1.6 发动机舱内电器部件的位置。

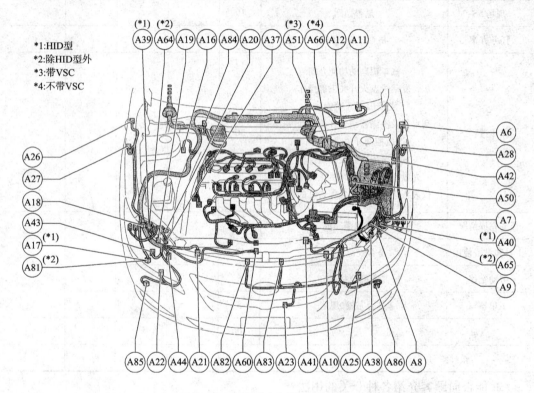

图 6-20 发动机舱内电器部件位置图 1

A6-左侧转向信号灯总成;A7-左前转向信号灯(左侧前照灯总成);A8-左前示宽灯(左侧前照灯总成);A9-左侧前照灯光束高度调整电动机(左侧前照灯总成);A10-左前所囊传感器;A11-风窗玻璃刮水器电动机总成;A12-制动液液位警告开关(制动主缸储液罐分总成);A16-空调压力传感器;A17-风窗玻璃清洗器电动机和泵总成;A18-右前转向信号灯(右侧前照灯总成);A19-右前示宽灯(右侧前照灯总成);A20-右前前照灯光束高度调整电动机(右侧前照灯总成);A21-右气囊传感器;A22-右侧雾灯总成;A23-环境温度传感器;A25-左侧雾灯总成;A26-右侧转向信号灯总成;A27-右前转速传感器;A28-左前转速传感器;A37-右则前照灯总成(远光);A38-左前照灯总成(远光);A39-右侧前照灯总成(近光);A40-左侧前照灯总成(近光);A41-2 号冷却风扇 ECU;A42-遥控门锁蜂鸣器;A43-前照灯清洗器控制继电器;A44-前照灯清洗器喷嘴电动机和泵总成;A50-ECM;A51-制动器执行器总成;A60-发动机盖锁总成;A64-右侧前大灯总成(近光);A65-左侧前大灯总成(近光);A66-制动器执行器总成;A81-风窗玻璃清洗器电动机和泵总成;A82-低音喇叭总成;A83-高音喇叭总成;A84-警报喇叭总成;A85-1 号右前超声波传感器;A86-1号左前超声波传感器

项目六 车身与驾驶室电器的识读

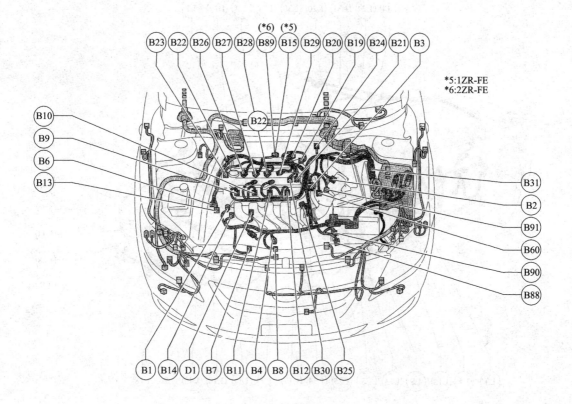

图 6-21 发动机舱内电器部件位置图 2

B1-发电机总成；B2-质量空气流量计；B3-E.F.I.发动机冷却液温度传感器；B4-起动机总成；B6-发动机机油压力开关总成；B7-带皮带轮压缩机总成；B8-起动机总成；B9-1 号喷油器总成；B10-2 号喷油器总成；B11-3 号喷油器总成；B12-4 号喷油器总成；B13-1 号曲轴位置传感器；B14-发电机总成；B15-氧传感器(B1 S1)；B19-清污 VSV；B20-VVT 传感器(排气侧)；B21-VVT 传感器(进气侧)；B22-凸轮轴正时机油控制阀总成(排气侧)；B23-凸轮轴正时机油控制阀总成(进气侧)；B24-氧传感器(B1 S1)；B25-带电动机的节气门体总成；B26-1 号点火线圈总成；B27-2 号点火线圈总成；B28-3 号点火线圈总成；B29-4 号点火线圈总成；B30-静噪滤波器(点火)；B31-ECM；B60-倒车灯开关总成；B88-驻车挡/空挡位置开关总成；B89-空燃比传感器(B1 S1)；B90-电子控制变速器电磁阀；B91-变速器转速传感器；D1-爆震控制传感器(B1)

为满足汽车安全性、舒适性等要求，汽车车身内也布置有各种电器，如：燃油泵、扬声器、安全带、车灯、电动车窗升降器、车门门锁、传感器、除雾器等。图 6-22 所示为卡罗拉轿车 1.6 轿车车身内部分零件的位置。

一、汽车灯具的识读

汽车灯具按功能可分为照明灯和信号灯两大类；按安装位置可分为外部灯具和内部灯具。外部灯具包括用于车外照明和信号用的前照灯、雾灯、转向信号灯、驻车灯、牌照灯、尾灯、制动灯、倒车灯等，内部灯具包括顶灯、阅读灯、车门门控灯、仪表及开关照明灯、行李舱灯和工作灯等。卡罗拉 ZRE151、152 系列汽车前部灯具如图 6-23 所示，后部灯具如图 6-24 所示。汽车各灯具的作用见表 6-2 所示。

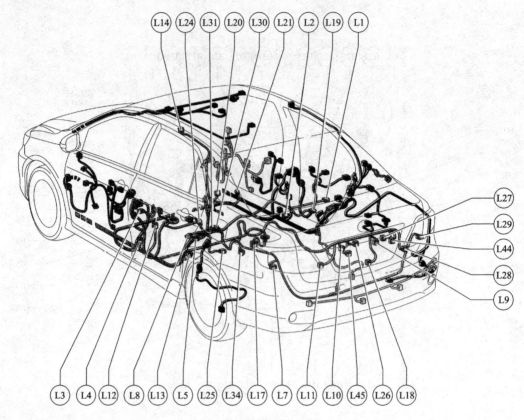

图6-22 车身内零件位置

L1-右后扬声器总成;L2-左后扬声器总成;L3-左前车门门控灯开关总成;L4-左前座椅外安全带总成;L5-左后车门门控灯开关总成;L7-左后组合灯总成;L8-中央制动灯总成;L9-右侧牌照灯总成;L10-左侧牌照灯总成;L11-左后灯总成;L12-左前侧气囊传感器总成;L13-左后侧气囊传感器总成;L14-左侧窗帘式安全气囊总成;L17-燃油泵;燃油表传感器总成;L18-行李舱门锁总成;L19-1号行李舱灯总成;L20-静噪滤波器(刹车灯);L21-后窗除雾器(背窗玻璃);L24-二极管(1号行李舱总成);L25-后电子钥匙振荡器;L26-行李舱门开启器开关总成;L27-行李舱门锁锁芯总成;L28-右后灯总成;L29-右后组合灯总成;L30-接线连接器;L31-接线连接器;L34-接线连接器;L44-中央制动灯总成;L45-电视摄像机总成

汽车灯具的名称及作用　　　　　　　　　　　　　　　　　　表6-2

灯具名称	灯具作用及特征
前照灯	安装在汽车头部两侧,用来照亮车前道路。有远、近光之分
雾灯	安装在汽车的头和尾部。前雾灯光色为橙黄色、在雾天、下雪、下雨或尘埃弥漫等情况下用来改善车前道路照明情况。后雾灯光色为红色,用来提醒尾随车辆保持安全间距
转向信号灯	安装在汽车的前后左右和两侧,光色为琥珀色,转向时灯光闪烁,用来指示车辆行驶趋向
驻车灯	安装在车头和车尾两侧,光色车前为白色,车尾为红色,夜间驻车时,接通驻车灯开关可标志车辆形位。此时仪表照明和牌照灯均不亮
牌照灯	装于汽车尾牌照上方或左右两侧,用来照明后牌照
尾灯	安装在汽车尾部,光色为红色。夜间行驶接通前照灯时,尾灯与仪表照明灯、牌照灯同时发亮,以标志车辆的形位

项目六 车身与驾驶室电器的识读

续上表

灯具名称	灯具作用及特征
制动灯	安装有汽车尾部,在踩下制动踏板时,发出强红光。为避免尾随大型车对轿车碰撞的危险,轿车后窗内可加装高位制动灯
倒车灯	安装在汽车尾部,光色为白色,当变速器挂倒挡时,自动发亮,照明车后侧,同时提醒后方车辆、行人注意安全
顶灯	给汽车车内提供照明。顶灯开关如图6-25所示,顶灯开关置于"ON"位置时,全时间内,保持灯在发亮的状态;置于"OFF"位置时,灯熄灭;置于"DOOR"位置时,打开任何一扇车门,灯亮,当所有车门都关闭之后,灯熄灭
阅读灯	装于乘员席前部或顶部,聚光时乘员看书不会给驾驶人产生炫目现象
车门门控灯	装于轿车外张式车门内侧底部,光色为红色。夜间开启车门时发亮,以告示车辆、后来行人注意避让
仪表及开关照明灯	装于仪表板上,用来照明仪表指针及刻度板、开关等
行李舱灯	装于轿车或客车行李舱内,当开启行李舱盖时,灯自动发亮,照亮行李舱

◆ 小提示:车型不同,灯具的名称和种类也有所不同。

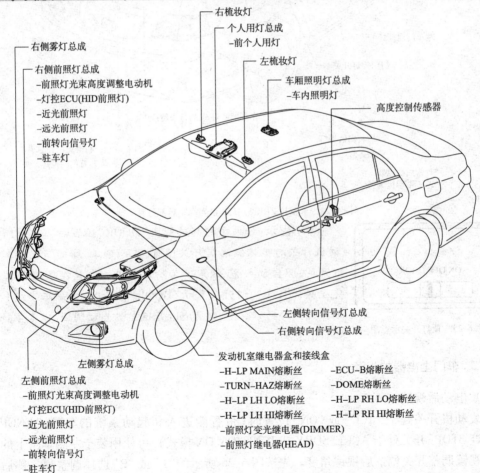

图6-23 卡罗拉ZRE151、152系列汽车前部灯具

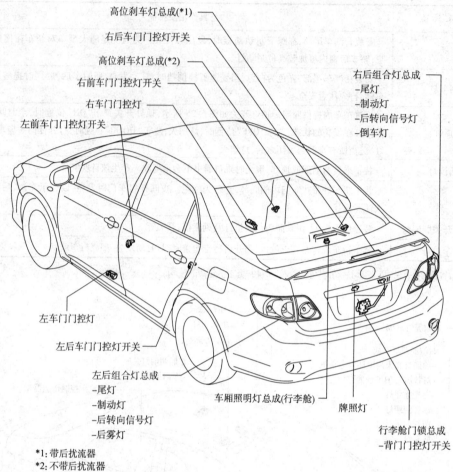

图 6-24　卡罗拉 ZRE151、152 系列汽车后部灯具

图 6-25　顶灯开关示意图

◆**小提示**：如果顶灯开关置于"DOOR"位置时，车内灯和发动机开关灯根据发动机开关位置、车门锁止/解锁情况和车门打开/关闭自动点亮/熄灭。为防止蓄电池电量耗尽，在车门未完全关闭且车内灯开关置于"DOOR"位置时，如果车内灯和发动机开关灯持续点亮，则 20min 后这些灯自动熄灭（以卡罗拉轿车 1.6 为例）。

二. 车门上电器的识读

1. 电动后视镜

发动机开关处于"ACC"或"ON"位置时（带智能进入和起动系统的车辆，"ENGINE START STOP"开关处于 ACCESSORY 或 IGNITION ON 模式），可使用装于左侧车门上的电动后视镜调整开关调节后视镜角度。先按图 6-26 所示的"L"或"R"选择调整哪一侧后视镜角度，L 表示左侧、R 表示右侧。然后按上、下、左、右键可调节后视镜角度。

2. 电动车窗升降开关

电动车窗升降控制系统零件位置如图 6-27 所示。电动车窗升降开关包括：电动车窗主开关（安装在驾驶人侧车门上）和电动车窗开关（安装在乘客侧车门和后车门上）。操作电动车窗开关后，相应的电动车窗升降器电动机随即通电。

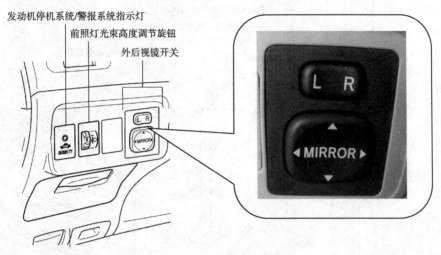

图 6-26 电动后视镜开关

以卡罗拉轿车为例，电动车窗控制系统功能如表 6-3 所示。

电动车窗控制系统功能　　　　　表 6-3

项　目	内　容
手动上升和下降功能	当将电动车窗开关向上拉到中途时，使车窗上升；当将开关向下推到中途时，使车窗下降；开关一松开，车窗就会停止
驾驶人侧门窗自动上升和下降功能	通过按下一次电动车窗开关，使驾驶人侧门窗完全打开或关闭
防夹功能	自动上升操作（驾驶人车门）期间，如果有异物卡滞在门窗内，使电动车窗自动停止并向下移动
遥控功能	该功能可让电动车窗主开关控制前排乘客侧门窗和后门窗的手动上升和下降操作
Key-Off 操作功能	在将点火开关置于 ON（IG）或 OFF 位置后大约 45s 内，如果任一前门未打开，则该功能使得电动车窗仍可以工作
诊断	该功能在电动车窗开关检测到电动车窗系统故障时，可让电动车窗开关进行故障部位的诊断。电动车窗开关灯亮起或闪烁，以通知驾驶人
失效保护	如果电动车窗电动机内的脉冲传感器出现故障，失效保护功能能够禁用部分电动车窗功能。驾驶人车门的自动上升和下降功能以及遥控功能被禁用

如图 6-28 所示，往图中 1、2、3、4 方向操作"AUTO"健，可上升和下降车窗玻璃。反向按压可使车窗停在中间位置。按下图 6-29 所示的锁止开关，可锁止乘员车窗开关，可防止儿童意外打开或关闭乘员车窗。

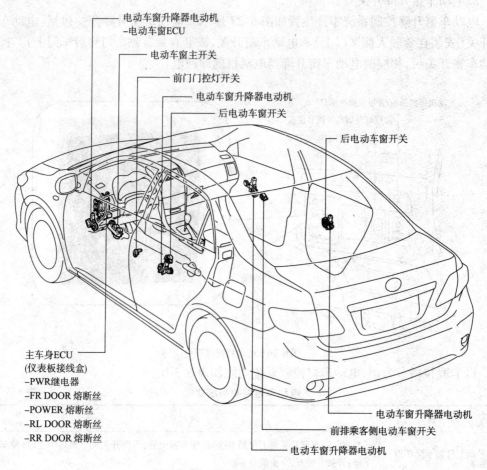

图6-27 卡罗拉轿车电动车窗控制系统

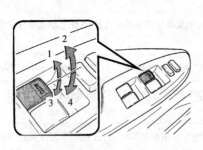

图6-28 电动车窗升降开关

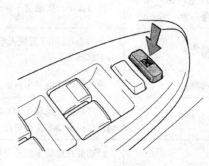

图6-29 车窗锁止开关

3. 车门锁开关

汽车车门可用钥匙锁止和解锁,如图6-30所示。

车门内锁按钮,也可锁止和解锁车门。如图6-31所示,将车内门锁按钮按至锁止位置,拉动车门把手的同时关闭车门,可以实现不用钥匙从车外锁止前门。即使门锁按钮处于锁止位置,仍可通过拉动车门把手打开驾驶人车门。

项目六 车身与驾驶室电器的识读

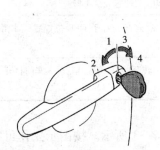

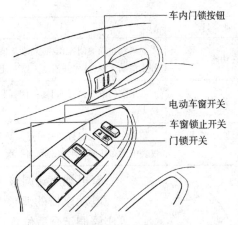

图 6-30 钥匙锁止和解锁车门

图 6-31 车内门锁按钮

◎**小提示**：不带智能进入和起动系统的车辆如果钥匙在发动机开关内，则无法锁止车门。带智能进入和起动系统的车辆如果"ENGINE START STOP"开关处于"ACCESSORY IGNITION 模式"或电子钥匙留在车内，则无法锁止车门。

4. 电动天窗控制开关

电动天窗动作由天窗控制开关控制，卡罗拉轿车天窗控制开关如图6-32所示。电动天窗系统具备以下功能：手动滑动打开和关闭、自动滑动打开和关闭、手动上倾和下倾、防夹以及钥匙关闭操作，如表6-4所示。

图 6-32 电动天窗开关

电动天窗功能   表6-4

项目	内容
手动滑动打开和关闭	当按下 SLIDE OPEN 开关（或 TILT UP 开关）不超过0.3s时，该功能使滑动天窗打开（或关闭），松开开关后滑动天窗立刻停止滑动
自动滑动打开和关闭	当按下 SLIDE OPEN 开关（或 TILT UP 开关）不小于0.3s时，该功能使滑动天窗完全打开（或关闭）
手动上倾和下倾	当按下 TILT UP 开关（或 SLIDE OPEN 开关）不超过0.3s时，该功能使滑动天窗上倾（或下倾）
自动上倾和下倾	当按下 TILT UP 开关（或 SLIDE OPEN 开关）不小于0.3s时，该功能能使滑动天窗上倾（或下倾）

续上表

项　目	内　　容
防夹功能	如果在自动关闭操作(或自动下倾操作)过程中有异物卡在滑动天窗中,防夹功能会自动停止滑动天窗,或停止滑动天窗并使它部分地打开(或使它完全上倾)
钥匙关闭操作	如果前门没有打开,钥匙关闭操作功能可以在点火开关置于OFF位置后操作滑动天窗约43s
滑动天窗开启警告	如果在滑动天窗打开时将点火开关从ON(IG)转至OFF位置且驾驶人车门打开,则组合仪表中的多功能蜂鸣器会鸣响一次

5.电动座椅调整开关

电动座椅的调整开关如图6-33所示。按图示操作可把驾驶人座椅调至合适位置。

三、超声波测距倒车报警装置(倒车雷达)

超声波测距倒车报警装置,俗称倒车雷达。该装置倒车时能自动测出车尾与最近障碍物间的距离,并在驾驶室用数字进行显示,倒车至极限安全距离时,能发出急促的警告声。而且倒车时能重复发出"倒车,请注意!"等语言警告声或蜂鸣声提醒行人注意。

倒车雷达主要由发射、接收、数字显示和报警四大部分组成。超声波测距装置安装位置如图6-34所示。

倒车雷达采用超声波测距原理,在主机的控制下,由感应器发射超声波信号,当遇到障碍物时,产生回波信号,感应器接收到回波信号后经主机进行数据处理、判断出障碍物的位置,由显示器显示距离并发出其他警示信号,得到及时警示,从而使驾驶者倒车时做到心中有数,使倒车变得更轻松。

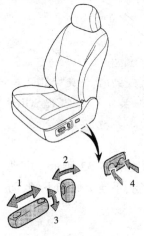

图6-33 电动座椅调整开关
1-座椅位置调节开关;2-座椅靠背角度调节开关;3-垂直高度调节开关;4-腰部支撑调节开关

四、汽车空调系统的识读

1.汽车空调系统的功能

汽车空调是用来改善汽车舒适性的设备,可以对车内空气的温度、湿度进行调节,并保持车内的空气清洁。汽车空调通常都具备以下功能:

(1)温度调节:将车内的温度调节到人体感觉适宜的温度。

(2)湿度调节:将车内的湿度调节到人体感觉适宜的湿度。

(3)气流调节:调节车内出风口的位置、出风的方向及风量的大小。

(4)空气净化:滤去空气中的尘土和杂

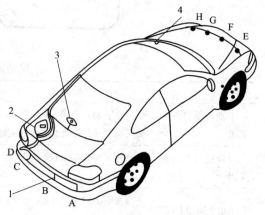

图6-34 超声波测距装置安装位置示意图
1-感应器(A、B、C、D、E、F、G、H);2-主机;3-显示器;4-蜂鸣器

质,或对空气进行杀菌消毒。

2.汽车空调系统的组成

为完成空调的上述功能,汽车空调系统通常应包括以下4大装置:

(1)暖风装置:用以提高车内的温度。

(2)制冷装置:用以降低车内的温度,并降低车内的湿度。

(3)通风装置:用以调节车内的气流和换气。

(4)空气净化装置:用以过滤空气及对空气进行消毒处理。

目前汽车的空调系统根据车辆的配置不同,所具备的装置也有所不同,一般低档汽车只有暖风和通风装置,中高档汽车都具备制冷和空气净化装置。空调系统结构复杂,其大部分部件分布于发动机舱和驾驶室及车厢内。空调压缩机由发动机驱动,发动机舱内布置有一部分空调零件。卡罗拉轿车位于发动机舱内的空调零件位置如图6-35所示。

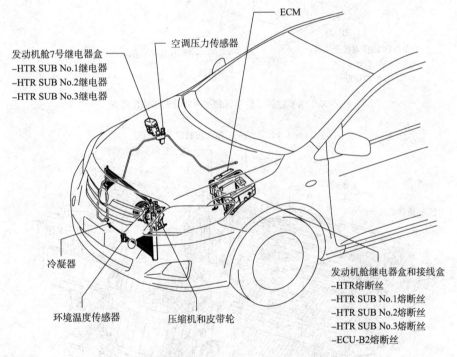

图6-35 卡罗拉轿车位于发动机舱内的空调零件位置图

驾驶室内布置有空调控制面板。图6-36所示为卡罗拉轿车位于驾驶室内的空调零件位置。

鼓风机等空调零件装于仪表板内,图6-37所示为卡罗拉轿车位于仪表板内的空调零件位置图。

汽车空调有复杂的通风装置,驾驶室内有多个空调出风口,以便把温度适宜的风吹到驾驶人或乘客的各个部位。图6-38所示为卡罗拉轿车驾驶室内出风口位置。

3.空调的调节系统

空调系统控制有手动控制和自动控制之分,手动空调需要驾驶人通过旋钮或拨杆对

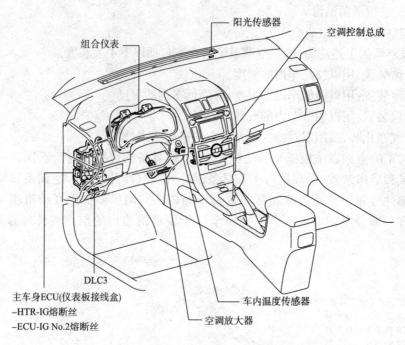

图 6-36　卡罗拉轿车位于驾驶室内的空调零件位置图

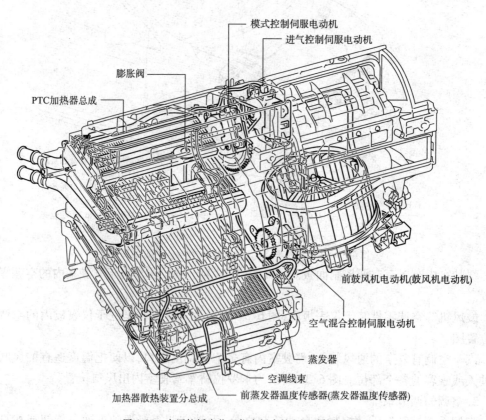

图 6-37　卡罗拉轿车位于仪表板内的空调零件位置图

项目六 车身与驾驶室电器的识读

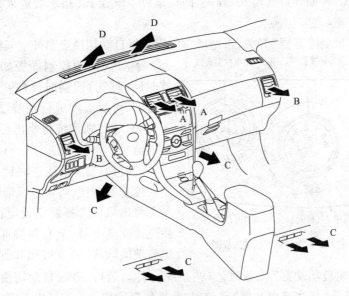

图 6-38 卡罗拉轿车出风口位置图

控制对象进行调节,如改变温度等。自动空调只需驾驶人输入目标温度,空调系统便可按照驾驶人的设定自动进行调节。空调控制面板上有温度调节、气流选择、鼓风机速度、空气进气选择(内外循环选择)、空调开关(A/C)和运行模式选择开关。其中温度调节、气流选择、空气进气选择是通过气道中的调节风门实现的,空调开关和运行模式选择开关、鼓风机速度选择通过电路控制来实现。调节是通过空调控制面板上的拨杆、旋钮或按钮进行的,卡罗拉轿车自动空调的控制面板如图6-39所示。

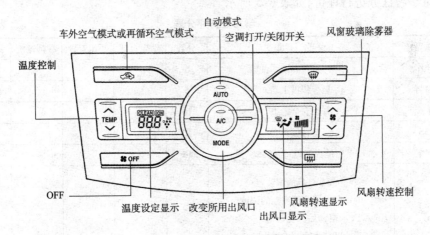

图 6-39 卡罗拉轿车自动空调控制面板图

按下"AUTO"键,空调系统将开始工作。按下"TEMP"键上的"∧"可升高温度,"∨"可降低温度。按下风扇转速控制键上的"∧"可升高风扇转速,"∨"可降低风扇转速。同时风扇转速显示在显示屏上。

每按下一次"MODE"键,即可切换出风口。可控制气流吹向上身、上身和脚部、脚部、脚部且风窗玻璃除雾等模式。

每按下一次"再循环空气模式"开关,即在车外空气模式(指示灯熄灭)和再循环空气模式(指示灯点亮)之间切换。

按下"风窗玻璃除雾器"开关,再循环空气模式将自动切换至车外空气模式。

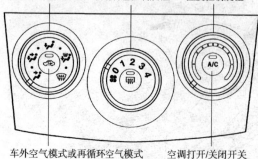

图6-40 卡罗拉轿车手动空调控制面板图

手动空调的控制面板如图6-40所示。顺时针(暖气)或逆时针(冷气)转动温度控制旋钮,可对温度进行调节设定。如果未按下"A/C"键,则系统将吹出环境温度气流或热气流。

顺时针(提高)或逆时针(降低)转动风扇转速控制按钮,可调节风扇转速。

将出风口选择旋钮设定在适当位置,可使气流吹向上身、上身和脚部、脚部、脚部且风窗玻璃除雾、风窗玻璃和侧窗。当旋钮旋转至"脚部且风窗玻璃除雾"位置时,空调系统将自动运行,进气自动切换至车外空气模式。当旋钮旋转至"风窗玻璃和侧窗"位置时,进气自动切换至车外空气模式。

◎小提示:车外温度接近0℃时,即使按下"A/C"开关,空调系统也可能不运行。

按下除雾器开关,除雾器运行大约15min后会自动关闭。如果装备有外后视镜除雾器,则打开后车窗除雾器时外后视镜除雾器也将打开。

◎小提示:当外后视镜的镜面变热时,请勿触摸以免烫伤。

五、评价与反馈

1. 对学习任务进行评价,如表6-5所示。

学习任务评分表　　　　　　　　表6-5

考核项目	评分标准	分数	学生自评	小组互评	教师评价	小 计
团队合作	是否和谐	5				
活动参与	是否积极主动	5				
安全生产	有无安全隐患	10				
现场5S	是否做到	10				
任务方案	是否正确、合理	15				
操作过程	汽车灯具的识读 电动刮水器及清洗器的识读 电动后视镜调整 电动车窗开关操作 车门锁开关操作 电动天窗开关操作 倒车报警装置的识读 汽车空调控制面板的识读	30				
任务完成情况	是否圆满完成	5				

续上表

考核项目	评分标准	分数	学生自评	小组互评	教师评价	小 计
工具和设备使用	是否规范、标准	10				
劳动纪律	是否能严格遵守	5				
工单填写	是否完整、规范	5				
	总分	100				
教师签写：		年 月 日			得分	

2. 能否向顾客介绍各种开关的控制方法？

项目七　前照灯电路的连接

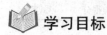 学习目标

完成本项目学习后,你应能:
1. 叙述汽车照明灯具的组成及作用;
2. 知道前照灯的结构与电路工作原理;
3. 分析前照灯电路的工作原理;
4. 知道前照灯的种类;
5. 正确地连接前照灯电路;
6. 规范地完成前照灯灯泡的更换。

 建议课时:8 课时

课题一　汽车前照灯的结构与控制电路

一、汽车照明灯具的组成和作用

汽车灯具按功能可分为照明灯和信号灯两大类;按安装位置可分为外部灯具和内部灯具。照明用外部灯具包括用于车外照明的前照灯、雾灯、牌照灯等,照明用内部灯具包括顶灯、仪表及开关照明灯、行李舱灯和工作灯等。

1. 外部照明灯具

机动车应按时参加安全检测和综合检测,确保外部灯具齐全有效。汽车外部照明灯具如图7-1所示。

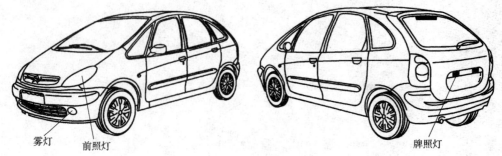

图7-1　汽车外部照明灯具

(1)前照灯。前照灯俗称"大灯",装在汽车头部两侧,提供远光或近光,用于照明车辆前方道路的灯具。前照灯有两灯制、四灯制之分。远光灯功率一般为40～60W,近光灯功率一般为35～55W。

◎小提示:四灯制前照灯并排安装时,装于外侧的一对应为近、远光双光束灯;装于内侧的一对应为远光单光束灯。

(2)雾灯。安装在汽车头部或尾部。在雾天、下雪、暴雨或尘埃弥漫等情况下,用来改善车前道路的照明情况。前雾灯功率一般为45～55W,光色为橙黄色。后雾灯功率一般为21W或6W,光色为红色,以警示尾随车辆保持安全间距。

◎小提示:后雾灯的数量为1～2只,1只则装于汽车尾部左侧;2只则分装于汽车尾部左右两侧。

(3)牌照灯。装于汽车尾部牌照上方或左右两侧,用来照明后牌照,功率一般为5～10W,确保行人在车后20m处看清牌照上的文字及数字。

(4)倒车灯。安装在汽车尾部,当变速器挂倒挡时,自动发亮,照明车后侧,同时警示后方车辆行人注意安全。倒车灯功率一般为20～25W,光色为白色。

2. 内部照明灯具

内部照明灯具如图7-2所示。

(1)顶灯。轿车及载货汽车一般仅设一只顶灯,除用作车室内照明外,还可兼起监视车门是否可靠关闭的作用。在监视车门状态下,只要还有车门未可靠关紧,顶灯就发亮。顶灯功率一般为5～15W,公共汽车顶灯有向荧光灯发展的趋势。

(2)阅读灯。装于乘员席前部或顶部,聚光时乘员看书不会给驾驶人产生炫目现象,照明范围较小,有的还有光轴方向调节机构。

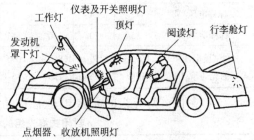

图7-2 汽车内部照明灯具

(3)行李舱灯。装于轿车或客车行李舱内,当开启行李舱盖时,灯自动发亮,照亮行李舱内空间。功率一般为5W。

(4)踏步灯。装在大中型客车乘员门内的台阶上。夜间开启乘员门时,照亮踏板。

(5)仪表照明灯。装在仪表板反面,用于仪表指针及刻度板的照明,功率一般为2W。仪表照明灯一般与示位灯、牌照灯并联。有些汽车仪表照明灯发光强度可调节。

(6)工作灯。车辆维修时可以移动使用的一种随车低压照明工具,电源来自汽车发电机或蓄电池。工作灯功率一般为21W,常带有挂钩或夹钳。

二、前照灯的技术要求

前照灯是汽车照明的主要灯具。其主要用途是照亮车辆前方的道路和物体,确保夜间行车安全。世界各国交通管理部门一般都以法律形式规定了汽车前照灯的技术要求,其一般要求如下:

(1)前照灯应设计和制造成在正常使用条件下,即使受到振动,仍能保证满足使用要求。

(2)前照灯应具有光束调整装置。当近光灯和远光灯形成一组合体,并各自装有灯丝灯泡(或灯光组)时,调整装置应能对它们分别进行调整,远光灯和近光灯不能单独调节的前照灯组合体另有规定。

(3)半封闭式前照灯的灯丝灯泡,即使在黑暗中也应能将其安装在正确位置上。

(4)封闭式前照灯的插片应坚固,连接牢固。

(5)前照灯的光色应为白色。

(6)半封闭式前照灯应使用符合 GB15766.1 或 ECE R37 规定的灯丝灯泡,部分灯丝灯泡类型及其光电性能如表 7-1 所示。

部分灯丝灯泡类型及其光电性能 表 7-1

灯丝灯泡类型	R2		H1		H2		H3		H4	
标称电压/V	12	24	12	24	12	24	12	24	12	24
标称功率/W	45/40	55/50	55	70	55	70	55	70	60/55	75/70
在试验电压下的光通量/lm	(≥860)/(675±15%)	(≥1000)/(860±15%)	1550±15%	1900±15%	1800±15%	2150±15%	1450±15%	1750±15%	(1650/1000)±15%	(1900/1200)±15%
灯丝灯泡类型	H7		HB3	HB4	HS1	H8	H9	HIR1	HIR2	H11	
标称电压/V	12	24	12	12	12	12	12	12	12	12	24
标称功率/W	55	70	60	51	35/35	35	65	65	55	55	70
在试验电压下的光通量/lm	1500±10%	1750±10%	1860±12%	1095±15%	(825/525)±15%	800±15%	2100±10%	2500±15%	1875±15%	1350±10%	1600±10%

(7)封闭式灯光组的标称电压、标称功率如表 7-2 所示。

封闭式灯光组的标称电压、标称功率表 表 7-2

类 别			白炽灯(SB)				卤钨灯(HSB)
透光直径或尺寸/mm			φ136	φ170	100×165[a]	132×190[a]	[B]
标称电压/V[c]			12	12	12	12	12
标称功率/W	双光束	远光	37.5	60	40	65	60
		近光	50	50	60	55	55
	单光束	远光	50	75	50	—	—
		近光	50	50	—	—	—

[a] 该规格功率根据国内实际使用情况和国际相关标准确定。
[B] 其透光直径或尺寸参照白炽灯。
[c] 标称电压为 24V 的封闭式灯光组正在研究中。

(8)前照灯的配光应使近光具有足够的照明和不炫目,远光具有良好的照明。弯道照明可以通过附加光源来实现,该附加光源是近光灯的一部分。具体规定见 GB4599—2007。

三、前照灯的基本结构

1. 灯光组

前照灯的灯光组是由配光镜、反射镜和光源(灯泡或灯丝组件)等组合而成的组合件。

分为封闭式灯光组和半封闭式灯光组。灯丝灯泡可拆卸更换的灯光组称为半封闭式灯光组。结合成一个不可拆整体的灯光组称为封闭式灯光组,分为白炽封闭式灯光组(SB)和卤钨封闭式灯光组(HSB)两种。采用封闭式灯光组的前照灯叫封闭式前照灯,采用半封闭式灯光组的前照灯叫半封闭式前照灯。

(1)灯泡。灯泡是前照灯的光源;汽车前照灯用灯泡的额定电压有6V、12V和24V共3种。灯泡的灯丝由功率大的远光灯丝和功率较小的近光灯丝组成,由钨丝制作成螺旋状,以缩小灯丝的尺寸,有利于光束的聚合。前照灯的灯泡分为充气灯泡、卤钨灯泡、高压气体放电灯泡(HID灯泡)三类。

充气灯泡的结构如图7-3a)所示,灯丝用钨丝制成。由于钨丝变热后会蒸发,沉积在灯泡上使其发黑,而且使灯丝耗损,缩短灯泡寿命。因此,制造时将灯泡内空气抽出,然后充以氩、氪等混合惰性气体。充入惰性气体可以在灯丝发热膨胀后,增加玻璃壳内的压强,减少钨的蒸发,从而可提高灯丝的工作温度和发光效率,延长灯泡使用寿命。

卤钨灯泡的结构如图7-3b)所示,它是利用卤钨再生循环反应的原理制成。灯丝用钨丝制成,在充入的气体中加入卤族元素,如碘、溴、氯、氟等。灯泡工作时,从灯丝上蒸发出来的气态钨与卤素发生反应,生成一种挥发性的卤素钨,扩散到灯丝附近的高温区后,再次受热分解,使钨重新回到灯丝上,被释放出来的卤素继续扩散参与下一轮循环反应,从而防止了钨的蒸发和灯泡变黑的现象。

卤钨灯泡的尺寸小,充入的惰性气体压力较高,工作温度也较高,因此,其玻璃泡壳采用耐高温、机械强度较高的石英玻璃或硬玻璃制成;由于钨的蒸发受到惰性气体压力的抑制,卤钨灯泡的发光效率比一般灯泡高50%~60%,使用寿命也长。

气体放电灯泡利用镇流器瞬间产生交流23kV以上高压电,激发球泡内的氙气,使其电离并在灯球两端电极产生电弧,电弧产生后使球泡内的金属卤化物及汞汽化,产生6~8个大气压的压力,使金属卤化物发光。

与常规灯泡相比,这种灯具有以下优点:使用寿命长,因为没有固态金属的蒸发,灯不会有机械磨损;由于光视效能高,加之工作温度低使能耗低,所以总效率较高。气体放电灯泡的结构如图7-3c)所示,汽车用的气体放电灯泡一端是底座,灯泡里有一个玻璃管作为防止紫外线辐射的屏蔽。

(2)反射镜。反射镜用薄钢板冲压成旋转抛物面状,其内表面经镀银、镀铝或镀铬,并经抛光加工而成。由于前照灯灯丝的功率只有40~60W,灯泡的发光强度仅能照亮车前6m左右的路面。反射镜的作用,就是将灯泡的光线聚合、反射后导向前方,如图7-4所示。灯泡所发出的光线经反射镜反射后,变成平行光束射向远方,便发光强度增强上百倍至上千倍,达到20000~40000cd以上,从而使车前150~250m的路面都照得足够清楚,并尚有少量的散射光线照向侧面和下方,以利于照明两侧5~10m宽的路面。

(3)配光镜。配光镜又称散光玻璃,由透光玻璃制成。配光镜的外表面平滑,内表面设计成由许多特殊的透镜和棱镜形成的组合体。配光镜的作用是将反射镜反射出来的平行光线进行折射与散射,使照射区域具有良好而均匀的照明,且光照度的分布符合标准要求,如图7-5所示。

2.前照灯的防炫装置

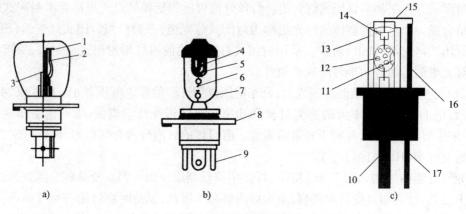

图7-3 前照灯灯泡图
a)充气灯泡；b)卤钨灯泡；c)气体放电灯泡

1、5-配光屏；2、4-近光灯丝；3、6-远光灯丝；7-泡壳；8-定焦盘；9-插片；10-高压端线；11-卤化物；12-氙气；13-灯管；14-钼丝；15-镍丝；16-低压陶瓷管；17-低压端线

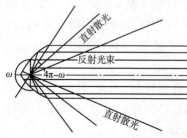

图7-4 反射镜对灯光的反射作用

夜间迎面来车时，前照灯的强光使迎面而来的汽车驾驶人感到炫目，容易引发交通事故。为了避免前照灯的炫目作用，汽车上普遍采用装有远光灯丝和近光灯丝的双丝灯泡。其中，远光灯丝灯光较强，功率一般为45～60W；近光灯丝灯光较弱，功率一般为25～55W。当夜间行驶无迎面来车时，可接通远光灯丝，使灯光射向远方，便于提高车速；在有迎面来车时，通过前照灯的控制电路将远光切换成近光，使光束倾向路面，以防迎面来车驾驶人的炫目，同时使车前的路面得到清晰的照明。

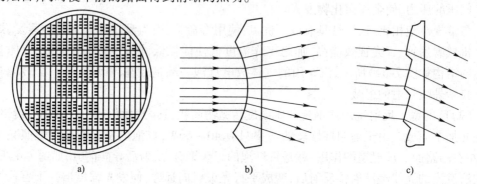

图7-5 配光镜的散射和折射作用
a)配光镜外观；b)散射作用；c)折射作用

◇小提示：前照灯安装时必须确保安装位置正确，使近光灯丝位于反射镜的焦点上方，使其光束倾向路面，起到防炫目作用。

四、前照灯的种类

前照灯按反射镜的结构形式可分为半封闭式和全封闭式两种类型，形状有圆形及矩形等,造型随车型而异。

1. 半封闭式前照灯

半封闭式前照灯的结构如图7-6所示,反射镜是由薄钢板冲压而成,配光镜依靠卷曲反射镜边缘上的牙齿而紧固在反射镜上,两者之间垫有橡皮密封圈并用螺钉固定连接在一起。灯泡从反射镜后端装入。灯泡可以互换,更换灯泡时不需拆开配光镜,但密封性差。

2. 封闭式前照灯

封闭式前照灯又称真空灯,其结构如图7-7所示,反射镜和配光镜制成一体,形成一个大灯泡,内部充以惰性气体,灯丝焊接在反射镜底座上。其优点是不受大气中灰尘和潮气的污染,密封性能好,可避免反射镜脏污,反射效率高,一个约30W的前照灯可产生75000cd的发光强度,且使用寿命长。缺点是灯丝烧坏后,需要更换前照灯总成。

为了保证安装时使远光灯丝位于反射镜旋转抛物面的焦点上,而近光灯丝位于焦点的上方,灯泡的插头一般制成插片式。插头的凸缘上有半圆形开口,与灯头上的半圆形凸起配合定位。3个插片插入灯头距离不等的3个插孔中,保证其可靠连接。这种插片式灯泡的优点是结构简单,拆装方便,接触性能可靠,并能与全封闭式前照灯通用,因此,国内生产的前照灯灯泡多采用这种结构。

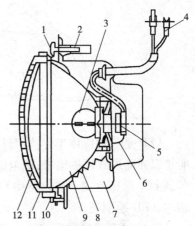

图7-6 半封闭式前照灯
1-调整螺栓;2-调整螺母;3-灯泡;4-接线片;5-插座;6-防尘罩;7-灯壳;8-拉紧弹簧;9-反射镜;10-调整圈;11-固定圈;12-配光镜

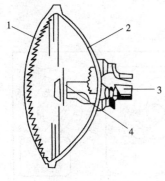

图7-7 封闭式前照灯
1-近光灯丝;2-远光灯丝;3-配光屏;4-配光镜

3. 氙气前照灯

高压气体放电灯,俗称氙气灯,是气体放电灯的一类,英文缩写HID(High Intensity Discharge)。氙气气体放电灯由前照灯灯泡、气体放电灯镇流器及前照灯照射行程控制作动器组成。它的灯泡两极间的间隙为4mm,工作时电压高达28kV,因此绝对不允许在其工作状态拆装作业。氙气前照灯用一个氙气气体放电灯作为其中心元件,可使最小的空间得到最大的照明强度。氙气气体放电灯点燃3s后才能达到最大亮度。一个35W的氙气前照灯的通光量是一个55W的普通卤素灯的两倍,但含较多的绿和蓝成分,一般使用寿命1500~2500h,相当于汽车平均使用周期内全部运行时间。图7-8所示为卡罗拉轿车用HID前照灯。

4. LED前照灯

氙气灯虽然亮度高,但存在高压,一旦漏电,极易产生高压火,引起火灾。自从丰田在2007年5月在上市的"雷克萨斯LS600"上使用LED前照灯以来,有些车型已经采用全LED车灯。如图7-9所示为奥迪A8上采用的LED前照灯。

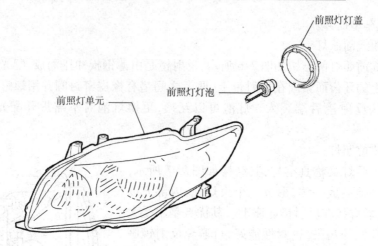

图7-8 HID前照灯

LED是一种固体半导体组件。通电时,只有一部分电会通过半导体材料流通,多余的能量以光的形式释放出来,把电能转换为光能。LED的亮度和电压的大小没有直接关系,车载12V低压电完全可以驱动LED发光。当加载到LED的电压一定时,通过LED的电流越大,LED越明亮。

单个LED光源的亮度不及氙气灯,大多数的汽车前照灯里,需要一组LED,但一组高亮度的LED的成本远高于氙气灯。

五、前照灯的控制电路

为确保前照灯正常工作,配备了灯光开关、变光开关,许多汽车还加装了前照灯继电器,灯开关也由分散的独立式开关发展为组合式开关。

1. 车灯开关

车灯开关可手动或自动进行操作。开关结构如图7-10所示。

图7-9 LED前照灯

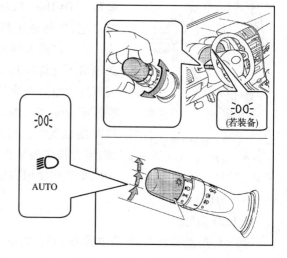

图7-10 车灯开关各挡示意图

开关处于 ≡○≡ 挡时,前示宽灯、尾灯、牌照灯和仪表照明灯点亮。开关处于 ≡D 挡时, ≡○≡

挡控制的灯点亮的同时,前照灯近光灯亮。

2. 变光开关

将车灯开关处于 ⬛ 挡,按如图 7-11 所示向 1 位置推动控制杆时,前照灯远光灯亮。将控制杆拉回中间位置则关闭远光。不管车灯开关处于什么挡位,当如图所示向 2 方向拉动控制杆则打开远光,松开控制杆则关闭远光,可实现远光闪烁功能。

前照灯基本控制电路如图 7-12 所示,一般由远光灯、近光灯、车灯开关、灯光继电器、变光开关(又称变光器)和熔断器等组成。人们通过车灯开关控制灯光继电器,以接通或切断前照灯的电源。夜间行车和迎面来车时,通过变光开关对前照灯电路的变换作用,使前照灯的远光灯和近光灯交替实现照明。为了保证前照灯的工作可靠性或扩大前照灯的用途,人们对前照灯的基本控制电路作了一些改进,如前照灯的保护电路、前照灯自动变光控制电路、前照灯延时关闭控制电路和提醒关灯电路等。

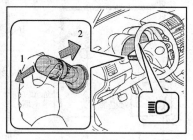

图 7-11　变光开关示意图

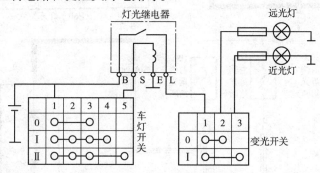

图 7-12　前照灯基本控制电路图

◇**小提示**:前照灯亮时,示宽灯、牌照灯等小灯也同时点亮。

卡罗拉轿车前照灯电路图如图 7-13 所示。

将车灯开光打到"前照灯"挡、变光开关打到"近光"挡、近光灯 A64 和 A65 亮。电流流向:电源、50A 熔断丝、近光继电器线圈、变光开关的"HL"接线柱、变光开关的"H"接线柱、车灯开关的"H"接线柱、车灯开关的"E"接线柱、"E1"搭铁,近光继电器线圈通电,继电器触点闭合。电流流向:50A 熔断丝、近光继电器触点、左右侧近光熔断丝、左右近光灯 A65 和 A64、"A1"和"A3"搭铁。

将车灯开光打到"前照灯"挡、变光开关打到"远光"挡、远光灯 A37 和 A38 亮。电流流向:50A 熔断丝、远光继电器线圈、变光开关的"HU"接线柱、变光开关的"H"接线柱、车灯开关的"H"接线柱、车灯开关的"E"接线柱、"E1"搭铁,远光灯继电器线圈通电,继电器触点闭合。电流流向:50A 熔断丝、远光继电器触点、左右远光熔断丝、左右侧远光灯 A38 和 A37、远光指示灯、"A1"和"A3"、"E1"搭铁。

将变光开关打到"闪光"挡(也叫"会车"挡)、左右侧近光灯 A65 和 A64 和左右侧远光灯 A37 和 A38 都亮。电流流向:电源、50A 熔断丝、远光继电器线圈和近光继电器线圈、变光开关的"HL""HU"接线柱、变光开关的"E"接线柱、"E1"搭铁,远光继电器线圈和近光

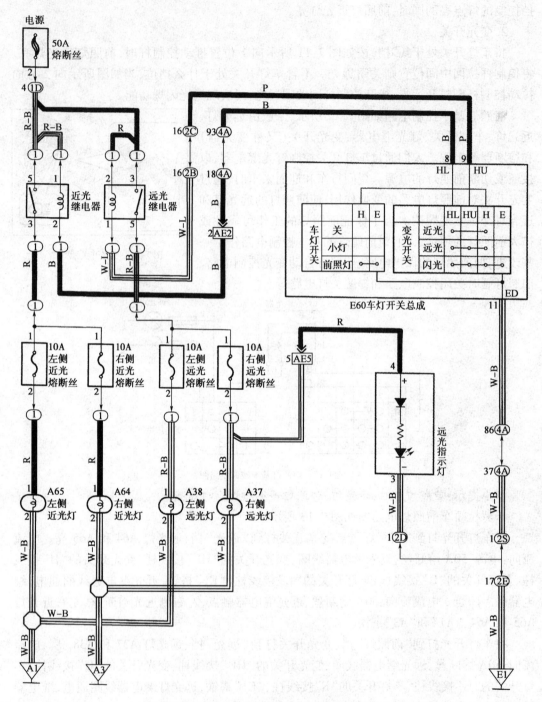

图 7-13 卡罗拉前照灯电路图(不带自动灯控)

继电器线圈同时通电,继电器触点闭合。电流流向:电源、50A 熔断丝、远光继电器触点和近光继电器触点、左右远光熔断丝和左右近光熔断丝、左右远光灯和左右近光灯、"A1"和"A3"搭铁。

课题二　前照灯电路的连接和灯泡的更换

一、作业前的准备

1. 工具、设备和材料的准备

(1) 仪表板拆装工具(图7-14)、一字螺丝刀、十字螺丝刀。

(2) 磁力护裙、转向盘护套、变速杆手柄套、脚垫和座位套。

(3) 举升机。

(4) 新前照灯灯泡。

(5) 卡罗拉轿车维修手册。

2. 作业前场地和车辆的准备

(1) 汽车进入工位前,将工位清理干净,准备好相关的器材。

图7-14　仪表板拆装工具

(2) 将汽车停驻在举升机中央位置。

(3) 拉紧驻车制动器操纵杆,并将变速杆置于空挡(N挡)或驻车挡(P挡)位置。

(4) 套上转向盘护套、变速杆手柄套和座位套,铺设脚垫。

(5) 在车内拉动发动机舱盖手柄,在车外打开并支撑发动机舱盖。

(6) 粘贴翼子板和前脸磁力护裙。

二、前照灯电路的连接

根据本教材中电路图7-13以及卡罗拉轿车维修手册(电路图),找出图中车灯开关、熔断器、继电器、前照灯及各个相关连接器的位置。如图7-15至图7-18所示。1号接线盒位于发动机右侧。车灯开关位于转向盘下面的转向柱上。

◆小提示:接线盒盖的反面就是结线盒的实际布置图,操作时可对应进行查找。

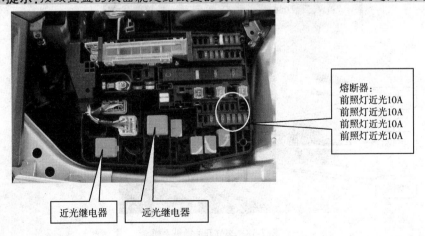

熔断器:
前照灯近光10A
前照灯近光10A
前照灯近光10A
前照灯近光10A

图7-15　发动机1号继电器盒

图 7-16　发动机 1 号继电器盒盖

图 7-17　前照灯连接器 A37 和 A64（右侧）、A38 和 A65（右侧）

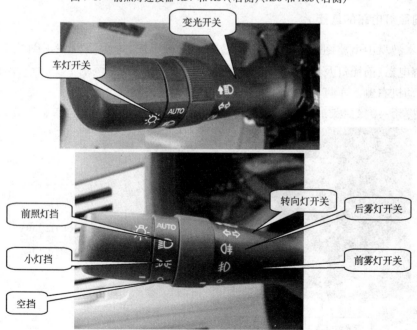

图 7-18　车灯开关操纵手柄

拆下转向柱上盖板，即可找到车灯开关电路连接器，如图 7-19 所示。

项目七 前照灯电路的连接

图 7-19 车灯开关电路连接器

前照灯电路的搭铁点 A1、A3 和 E1 的位置如图 7-20 所示。前照灯灯泡及前照灯总成如图 7-21、图 7-22、图 7-23 所示。

◆小提示：搭铁线形式与普通导线有所不同，一般是扁平的铜质或铝质编织线，电流承载量大。

◆小提示：前照灯灯泡的不对称凸缘结构可确保灯泡能正确安装。

三、前照灯灯泡的更换

1. 更换前照灯灯泡的注意事项

（1）即使只是薄薄一层油膜留在前照灯灯泡表面，由于其在较高温度下点亮而使灯泡的使用寿命缩短。更换灯泡时，务必握住灯的凸缘连接部位，使手不会接触灯的玻璃部分。

（2）由于灯泡的内部压力很大，掉落、撞击或损坏均可能导致灯泡爆炸和碎裂，因此要小心操作。

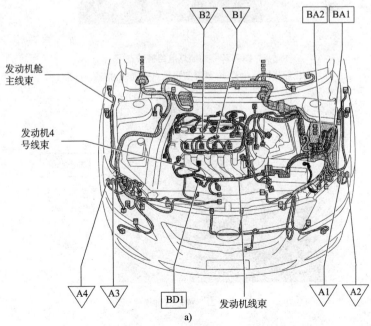

a)

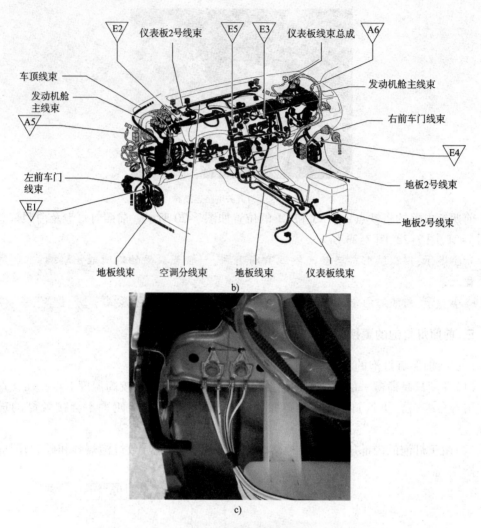

图 7-20 前照灯电路搭铁点
a) 发动机舱搭铁点位置; b) 驾驶室搭铁点位置; c) 搭铁点外形

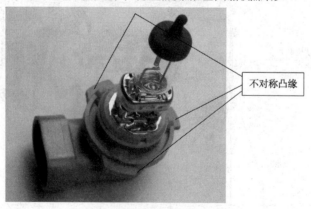

图 7-21 前照灯灯泡

项目七 前照灯电路的连接

图 7-22 前照灯总成

图 7-23 前照灯总成背面

(3)更换灯泡时,如果将车灯透镜从车辆上拆下时间过长,可能会聚集灰尘和湿气。

(4)务必用相同功率的灯泡替换旧灯泡。

2. 前照灯灯泡的更换

(1)将位于转向柱侧面的点火开关置于"LOCK"位置;车灯开关置于空挡,断开电路连接。

(2)打开发动机舱盖。如图 7-24 所示,用食指拉开驾驶室里的发动机舱盖开关,打开发动机舱盖。

图 7-24 发动机舱盖开关

(3)拆卸散热器上空气导流板。拆下 6 个卡子和散热器上空气导流板。用专用工具撬出或用手按下后再拔出卡子,如图 7-25 所示。取出空气导流板,如图 7-26 所示。

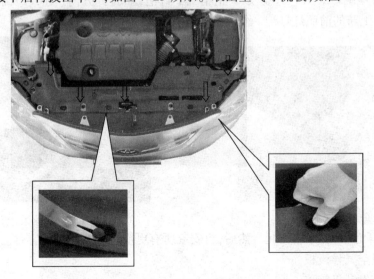
图 7-25 空气导流板拆卸

图7-26 空气导流板

(4)断开前照灯的连接器。用食指和大拇指压下连接器锁紧装置,断开连接器,如图7-27所示。

◇小提示:要断开连接器时务必要看清楚连接器的结构,观察其有无锁紧装置,不同的锁紧装置采用不同的断开方式。

(5)拆卸前照灯灯泡。将前照灯灯泡稍稍压下,逆时针方向(图7-28中"OFF"方向)转动灯泡,如图所示拆下前照灯灯泡,如图7-29所示。

图7-27 断开前照灯连接器操作图　　图7-28 拆卸前照灯灯泡

(6)安装前照灯灯泡。将前照灯灯泡上不对称凸缘与灯座缺口对齐,不对称凸缘如图7-21所示,灯座缺口如图7-30所示。稍稍压下灯泡,顺时针方向(图7-27中"ON"方向)转动灯泡,装上新的前照灯灯泡。然后连接连接器。

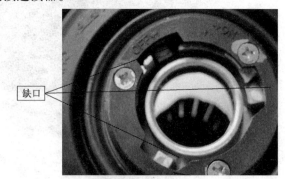

图7-29 取出前照灯灯泡　　图7-30 灯座上的不对称缺口

更换新灯泡后,确保它亮起。然后,再安装所有更换灯泡时拆下的零件。

(7)装回空气导流板。

(8)盖上发动机舱盖。

四、评价与反馈

1. 对学习任务进行评价,如表 7-3 所示。

学习任务评分表　　　　　　　　　　表 7-3

考核项目	评分标准	分数	学生自评	小组互评	教师评价	小　计
团队合作	是否和谐	5				
活动参与	是否积极主动	5				
安全生产	有无安全隐患	10				
现场5S	是否做到	10				
任务方案	是否正确、合理	15				
操作过程	前照灯电路各部件的查找与连接 拆卸前照灯灯泡 安装前照灯灯泡 前照灯灯泡更换竣工测试	30				
任务完成情况	是否圆满完成	5				
工具和设备使用	是否规范、标准	10				
劳动纪律	是否能严格遵守	5				
工单填写	是否完整、规范	5				
总分		100				
教师签写:		年　月　日			得分	

2. 能否向顾客提出正确使用汽车前照灯的建议?

项目八　汽车仪表的结构与拆装

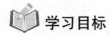学习目标

完成本项目学习后，你应能：
1. 叙述汽车仪表的组成及作用；
2. 知道汽车仪表的结构；
3. 分析汽车仪表的工作原理；
4. 知道仪表的种类；
5. 正确地连接汽车仪表线路；
6. 规范地完成汽车仪表板的拆装。

建议课时：6课时

课题一　汽车仪表结构与工作原理

为使驾驶人及时获取汽车各系统工作状态的相关信息，在驾驶室转向盘的前方台板上都装有仪表、报警灯及电子显示装置，如图8-1所示。常见的汽车仪表有车速里程表、发动机转速表、燃油表、冷却液温度表等。大部分仪表显示的依据来自传感器，传感器把被监测的物理量的变化转变成电信号的变化，通过仪表表述出来。

一、汽车常见仪表结构与工作原理

1. 冷却液温度表结构与工作原理

冷却液温度表的作用是指示发动机冷却液的温度。正常指示值一般为80～105℃。由装在仪表板上的冷却液温度指示表和装在发动机水套上的冷却液温度传感器配合工作。冷却液温度指示表有电热式和电磁式两类。现代汽车常用电热式冷却液温度指示表配热敏电阻式冷却液温度传感器。

热敏电阻式冷却液温度传感器如图8-2所示。热敏电阻下端与壳体接触，通过壳体搭铁，上端通过弹簧与接线柱相通。

当发动机冷却液温度低时，传感器热敏电阻阻值较大，冷却液温度表电路电流较小，冷却液温度表加热线圈温度较低，双金属片受热弯曲变形量较小，拉动指针指示低温区。当冷却液温度上升后，热敏电阻阻值减小，冷却液温度表电路电流增大，冷却液温度表加热线圈温度上升，双金属片受热弯曲变形量增大，指针指示高温区。

项目八 汽车仪表的结构与拆装

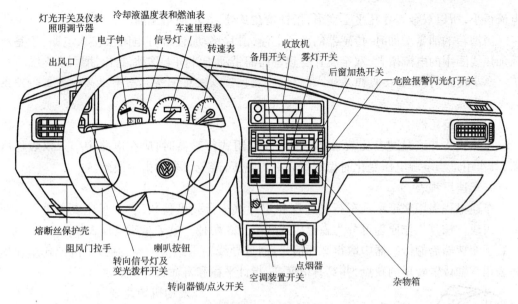

图 8-1 桑塔纳 2000 型轿车仪表板布置

2. 燃油表结构与工作原理

燃油表是用来指示油箱内储存油量多少的。它由装在仪表板上的燃油指示表和装在燃油箱内的传感器构成。燃油指示表有电磁式和电热式两种,现代汽车常用电热式燃油指示表配可变电阻式传感器。

电热式燃油表的结构与电热式冷却液温度表相似,仅指示表的刻度不同。为了稳定电源电压,在电路中串接了一个稳压器,其结构如图 8-3 所示。

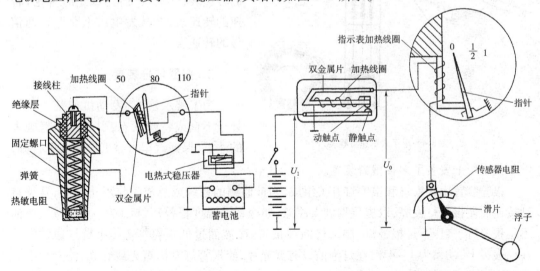

图 8-2 电热式冷却液温度表配热敏电阻式
　　　冷却液温度传感器

图 8-3 电热式燃油表

当油箱无油时,传感器的浮子处于最低位置,此时接通点火开关,电流便从蓄电池正极→点火开关→稳压器触点→稳压器双金属片→燃油指示表加热线圈→传感器电阻→滑片→搭铁→蓄电池负极。由于传感器电阻全部串入电路申,流过燃油指示表加热线圈的电流很小,所以双金属片几乎不变形,指针指在0处,表示油箱无油。

当油箱的油量增加时,传感器的浮子上浮,滑片移动,使部分电阻被接入电路,于是流入加热线圈中的电流增大,双金属片受热弯曲而带动指针向1移动,指出油量的多少。

◎小提示:传感器的电阻末端必须搭铁,这样可以避免因滑片与电阻接触不良时产生火花而引起火灾。

3. 仪表稳压器

电热式冷却液温度表及燃油表配用可变电阻式传感器时,应在电路中串入仪表稳压器,其作用是当电源电压变化时稳定仪表平均电压,避免仪表的指示误差。

4. 车速里程表

车速里程表用来指示汽车行驶速度和累计汽车行驶里程数,它由车速表和里程表两部分组成。按其工作原理可分为磁感应式和电子式两种。电子车速里程表如图8-4所示,从装于变速器后的传感器中取得脉冲信号,通过导线输送给指示器,克服了机械式车速里程表用软轴传输转矩的缺点,并具有精度高、指针平稳和寿命长等特点。

5. 发动机转速表

发动机转速表用来测量发动机曲轴转速。转速表按其结构不同可分为机械式和电子式,其中应用较广泛的是电子式转速表。

电子式转速表按转速信号的获取方式不同可分为:①从点火系统获取信号的转速表;②测取飞轮(或正时齿轮)转速的转速表;③从发电机上获取转速信号的转速表。

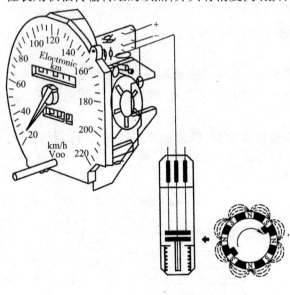

图8-4 电子式车速里程表

二、报警信号装置

为了警示汽车、发动机或某一系统处于不良或特殊状态,引起汽车驾驶人的注意,保证汽车可靠工作和安全行驶,汽车仪表板上安装了多种报警装置。

报警装置由报警灯和报警灯开关组成,当被监测的系统或总成工作不正常时,开关自动接通而使报警灯发亮,以提醒驾驶人注意,如冷却液温度报警灯、机油压力报警灯、燃油不足报警灯、气压不足报警灯、制动灯断线报警灯、液面过低报警灯等。报警灯通常安装在仪表板上,功率为1~4W,在灯泡前设有滤光片,使报警灯发出黄光或红光,滤光片上通常制有标准图形符号。

1. 机油压力报警灯

大部分汽车仪表板上装有机油压力报警灯。当润滑系统压力降低到允许限度时,报警灯亮,以便引起汽车驾驶人注意,弹簧式机油压力报警灯的电路如图8-5所示。它由装在发动机主油道的弹簧式传感器和装在仪表板上的红色报警灯组成。传感器为盒形,内有管形弹簧,管形弹簧一端经管接头与润滑系主油道相通,另一端与动触点相接,静触点经接触片与接线柱相连。

当机油压力低于6~10kPa时,管形弹簧变形很小,于是触点闭合,电路接通,使报警灯发亮。当机油压力超过6~10kPa时,管形弹簧变形大,使触点分开,电路切断,报警灯熄灭,说明润滑系工作正常。

2. 燃油箱存油量报警灯

当燃油箱内燃油减少到规定值以下时,燃油存量报警灯点亮,如图8-6所示。它由热敏电阻式传感器和报警灯组成。当燃油箱内燃油量多时,热敏电阻元件浸没在燃油中散热快,其温度较低,电阻值大,报警灯处于熄灭状态。当燃油减少到规定值以下时,热敏电阻元件露出油面,散热慢,温度升高,电阻值减小,电路中电流增大,则报警灯发亮,提醒驾驶人及时加油。

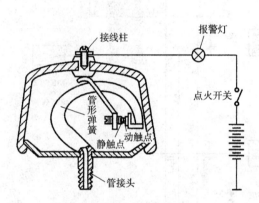

图8-5 弹簧管式机油压力报警灯

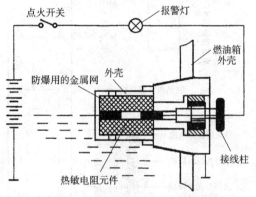

图8-6 热敏电阻式存油量报警灯

3. 冷却液温度报警灯

冷却液温度报警灯的作用是当冷却液温度升高到一定限度时,报警灯自动发光,以示报警,其电路如图8-7所示。在传感器的密封套管内装有条形金属片,双金属片自由端焊有动触点,静触点直接搭铁。冷却液温度正常时,传感器因感温低,双金属片几乎不变形,触点分开,报警灯不亮。如果冷却液温度升高到95℃以上时,双金属片则由于温度高而弯曲,使触点闭合,红色报警灯便通电发亮。

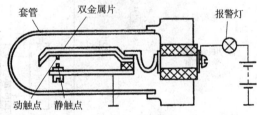

图8-7 冷却液温度报警灯

三、卡罗拉轿车仪表电路

1. 仪表电路工作原理

卡罗拉轿车仪表分光电仪表和非光电仪表两种。图8-8所示为非光电仪表的电路图。

仪表的电源电路提供两种类型的电源:一种是5V稳压电源,另一种是主要用于信号传输的IG电源。稳压电源主要用作组合仪表总成中的CPU的备用电源,也可用于CAN通信。当点火开关置于ON(IG)位置时,12V的电压通过7.5A METER熔断器到E46组合仪表总成33号端子"IG+",向指示灯电路供电。电源的电也通过10A ECU-B熔断器

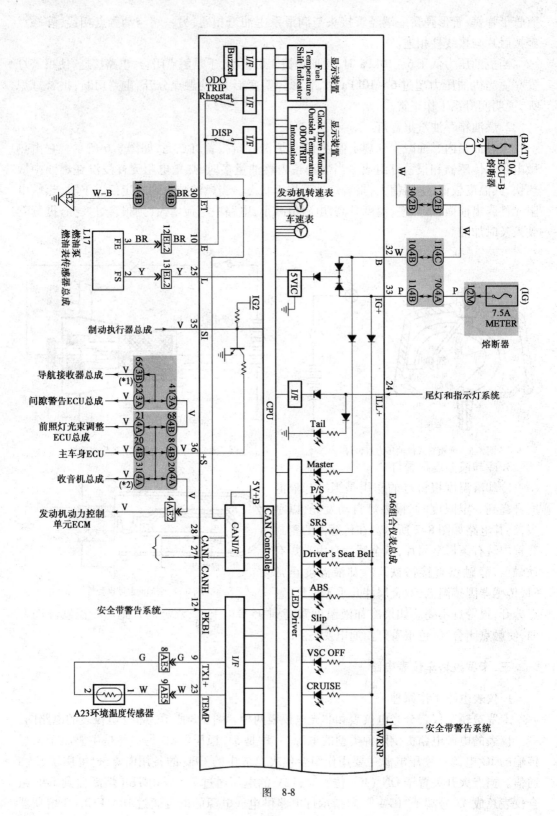

图 8-8

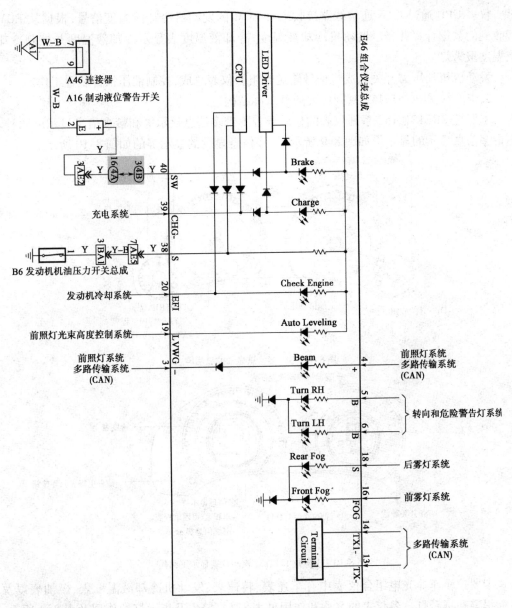

图8-8 卡罗拉轿车仪表电路图

提供给仪表总成。

防滑控制ECU向车速传感器提供电源,防滑控制ECU基于电压脉冲检测车速信号。组合仪表总成中的CPU通过CAN通信线路接收来自防滑控制ECU的车速信号。

◇小提示:车速表上显示的车速有误差允许范围。

组合仪表总成中的CPU通过CAN通信线路接收来自ECM的发动机转速信号,计算出发动机转速数据,转速表中显示发动机相应转速。

燃油表传感器向仪表总成输送信号,仪表CPU确定燃油箱内的燃油油位,燃油表显示油量的多少并控制燃油油位警告灯。

◇小提示:当燃油油位低于9.2L时,燃油油位警告灯将亮起。

仪表 CPU 通过 CAN 通信线路接收来自 ECM 的发动机冷却液温度信号，根据从 ECM 接收到的数据计算并显示发动机冷却液温度，冷却液温度表显示冷却液温度并控制冷却液温度报警灯。

发动机机油压力开关总成将信号输送给组合仪表总成，控制油压报警装置工作。

2. 卡罗拉 ZRE151、152 系列仪表的显示屏结构

卡罗拉 ZRE151、152 系列仪表的显示屏分不带多信息显示屏和带多信息显示屏两种。不带多信息显示的显示屏如图 8-9 所示，带多信息显示的显示屏的如图 8-10 所示。

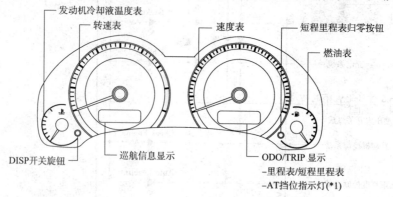

图 8-9 不带多信息显示的显示屏

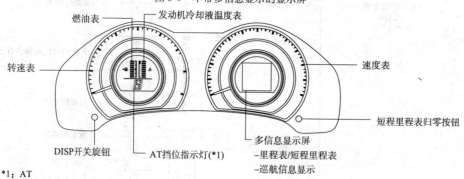

*1：AT

图 8-10 卡罗拉 151、152 汽车仪表显示屏结构

卡罗拉轿车非光电组合仪表中有车速表、转速表、发动机冷却液温度表、燃油表以及各种报警和指示灯。各仪表的名称和作用见表 8-1。警告及指示灯的作用及表 8-2 所示。巡航显示屏可显示五种信息：当前油耗、剩余燃油可行驶里程、起动后的平均油耗和平均车速、发动机起动后的行驶时间，显示内容可通过位于组合仪表左下的 DISP 开关按钮进行切换。多信息显示屏位于速度表下方，多信息显示内容见表 8-3。

卡罗拉 151、152 汽车仪表的名称和作用　　　　　　　表 8-1

仪表名称	作用
速度表	根据来自防滑控制 ECU 的信号指示车速
转速表	根据来自 ECM 的信号指示发动机转速
发动机冷却液温度表	根据来自 ECM 的信号指示发动机冷却液温度
燃油表	根据来自燃油表传感器的信号指示燃油油位

项目八 汽车仪表的结构与拆装

卡罗拉 151、152 汽车警告及指示灯的作用　　　　　　　　　　　　　　　　表 8-2

警告及指示灯名称	作　　用
转向信号	接收来自转向信号闪光灯继电器的转向信号(直线连接)
光束	接收来自前照灯变光继电器的光束信号(直线连接)
充电	接收来自发电机的充电指示灯信号(直线连接)
检查发动机	接收到来自 ECM 的检查发动机灯信号(直线连接)
驾驶人安全带	接收来自主车身 ECU 的驾驶人侧安全带信号(CAN(1 号 CAN 总线))
乘客安全带	接收来自前排乘客座椅安全带锁扣开关的安全带信号,并发送前排乘客侧安全带状态信号(直线连接)
TAIL	接收来自前照灯继电器的 TAIL 指示灯信号(直线连接)
燃油	接收来自燃油表传感器的燃油信号(直线连接)
AT 挡位(*1)	接收来自驻车挡/空挡位置开关和 ECM 的 A/T 换挡状态信号和 A/T 挡位信号(CAN(1 号 CAN 总线))
ABS	接收来自防滑控制 ECU 的 ABS 信号(CAN(1 号 CAN 总线))
SLIP(*2)	接收来自防滑控制 ECU 的 SLIP 信号(CAN(1 号 CAN 总线))
VSC OFF(*2)	接收来自防滑控制 ECU 的 VSC 信号(CAN(1 号 CAN 总线))
制动系统	接收来自制动液液位警告开关(直线连接)和防滑控制 ECU 的制动信号(CAN(1 号 CAN 总线))
巡航(*3)	接收来自 ECM 的巡航信号(CAN(1 号 CAN 总线))
气囊	接收来自中央气囊传感器总成的气囊信号(CAN(1 号 CAN 总线))
机油压力(*4)	接收来自发动机机油压力开关的机油压力信号(直线连接)
车门(*4)	根据从主车身 ECU 接收的车门状态信号,车门未关警告灯亮起(CAN(1 号 CAN 总线、CANMS 总线))
调平(*5)	接收来自前照灯光束高度调整 ECU 的前照灯光束高度调整信号(直线连接)
前雾	接收来自雾灯继电器的前雾灯信号(直线连接)
后雾	接收来自雾灯继电器的后雾灯信号(直线连接)
P/S	接收来自动力转向 ECU 的动力转向信号(CAN(1 号 CAN 总线))
主	接收来自其他 ECU 的故障/诊断/提醒信号(CAN(1 号 CAN 总线))

备注:*1:AT;*2:带 VSC;*3:带巡航控制系统;*4:不带多信息显示屏;*5:带前照灯光束高度自动控制

多信息显示屏显示信息表　　　　　　　　　　　　　　　　　　　　　　　表 8-3

警告	车门警告	当警告出现时,立即中断多信息显示屏的显示
	诊断	能够显示制动控制系统的 DTC(诊断故障码)
	时钟	可以显示时钟; 可通过位于组合仪表左下的 DISP 开关按钮切换和定制显示
	日历	可以显示日历; 可通过位于组合仪表左下的 DISP 开关按钮切换和定制显示

续上表

警告	车门警告	当警告出现时,立即中断多信息显示屏的显示
外部温度		可以显示外部温度; 接收来自防滑控制 ECU（CAN（CAN 1 号总线））的车速信号和来自外部温度传感器（直线连接）的环境温度信号,并输出外部温度信号（CAN（CAN1 号总线））
变光		可以显示组合仪表亮度的当前设置; 可通过位于组合仪表右下的 DISP 开关按钮定制组合仪表亮度
里程表/短程里程表		可以显示里程表/短程里程表; 可通过位于组合仪表右下的 DISP 开关按钮切换和定制显示

课题二　汽车仪表的线路连接与拆装

一、作业前的准备

1. 工具、设备和材料的准备

（1）仪表板拆装工具、一字螺丝刀、十字螺丝刀。

（2）磁力护裙、转向盘护套、变速杆手柄套、脚垫和座位套。

（3）举升机。

（4）卡罗拉轿车维修手册。

2. 作业前场地和车辆的准备

（1）汽车进入工位前,将工位清理干净,准备好相关的器材。

（2）将汽车停驻在举升机中央位置。

（3）拉紧驻车制动器操纵杆,并将变速杆置于空挡（N 挡）或驻车挡（P 挡）位置。

（4）套上转向盘护套、变速杆手柄套和座位套,铺设脚垫。

二、汽车仪表的线路连接

下面以卡罗拉轿车为例,说明仪表电路的连接情况。

根据本教材中电路图 8-8 以及卡罗拉轿车维修手册（电路图）,找出组合仪表总成 E46、熔断器、燃油泵及燃油表传感器总成 L17、发动机机油压力开关总成 B6、发动机冷却液温度传感器 B3 及各个相关连接器的位置。如图 8-11 至图 8-13 所示。

组合仪表总成连接器 E46 端子分布如图 8-14 所示,连接器 EL2 的端子分布如图 8-15 所示,BA1 线束连接器端子如图 8-16 所示,连接器 AE1、AE2、AE3、AE5 线束连接器端子如图 8-17 所示,连接器 L17 位于油箱处,如图 6-35 所示。组合仪表 E46 连接器位置如图 8-18 所示,冷却液温度传感器 B3、发动机机油压力开关总成 B6 连接器位置如图 6-33 所示,制动液液位警告开关 A12、环境温度传感器 A23 连接器位置如图 6-34 所示,搭铁点 A1、E2 位置如图 7-18 所示。

◇小提示：卡罗拉电路图中未标明颜色的连接器均为白色。

3A、3B 线束连接器位于 3 号接线盒内,3 号接线盒位于前围右侧,其端子分布如图 8-19 所示。

项目八 汽车仪表的结构与拆装

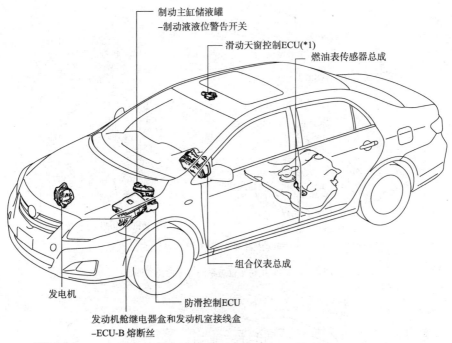

*1：带滑动天窗

图 8-11 卡罗拉轿车仪表系统各零件位置图 1

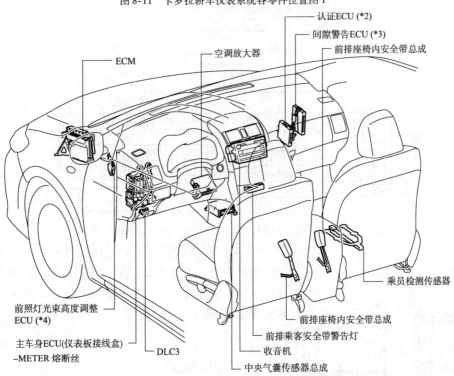

*2：带智能上车和起动系统　*3：带丰田驻车辅助传感器系统　*4：带前照灯光束高度自动控制

图 8-12 卡罗拉轿车仪表系统各零件位置图 2

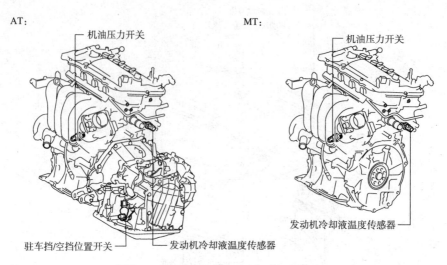

图 8-13　卡罗拉轿车仪表系统各零件位置图 3

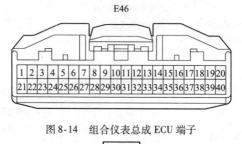

图 8-14　组合仪表总成 ECU 端子

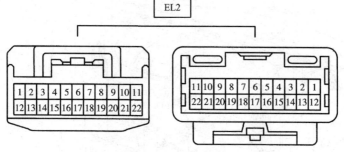

图 8-15　位于仪表板左侧下部的 EL2 线束连接器端子

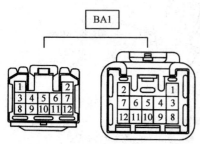

图 8-16　BA1 线束连接器端子

4A、4B、4C 连接器位于 4 号接线盒内，4 号接线盒位于仪表板右侧支架上。2B、2C、2D、2E、2H、2M 线束连接器位于仪表板接线盒内，仪表板接线盒位于前围左侧，上面安装有各种继电器，其端子分布如图 8-20、图 8-21 所示。

三、汽车仪表的拆装

1. 卡罗拉 151、152 系列组合仪表的结构如图 8-22 所示。

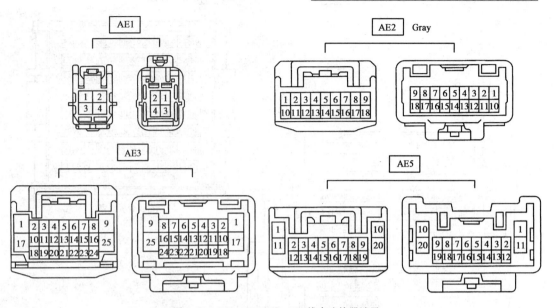

图 8-17 AE1、AE2、AE3、AE5 线束连接器端子

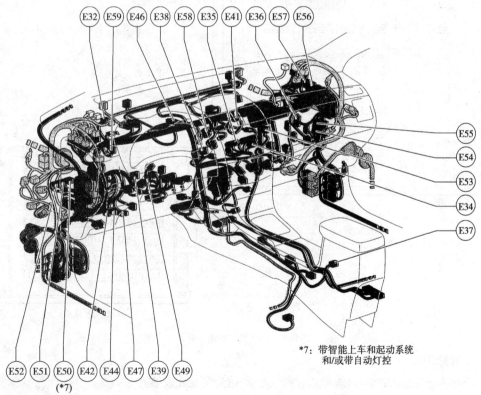

*7：带智能上车和起动系统和/或带自动灯控

图 8-18 仪表板内零件的位置

E32-动力转向 ECU 总成；E34、E35-导航接收器总成；E36-认证 ECU 总成；E37-前电子钥匙振荡器；E38-电源开关；E39-转向锁执行器总成；E41-危险警告信号开关总成；E42-前照灯清洗器开关总成；E44-前照灯光束高度调整开关；E46-组合仪表总成；E47-VSC Off 开关；E49-转向传感器；E50、E51、E52-主车身 ECU；E53、E54、E55、E56、E57、E58、E59-接线连接器

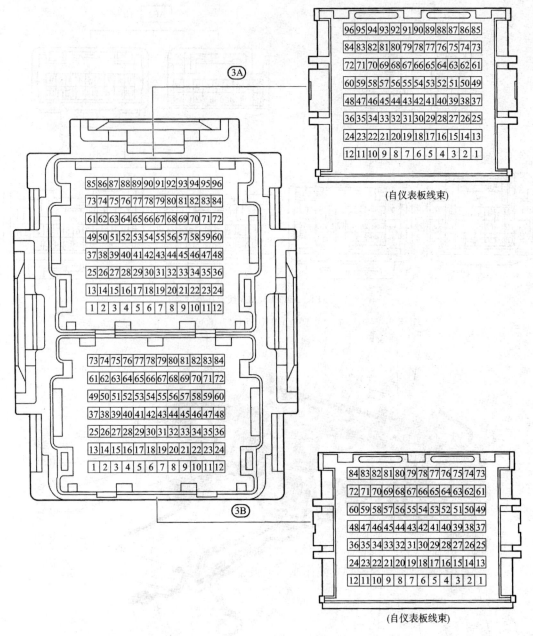

图8-19 3号接线盒端子分布

2.拆卸步骤

◇小提示:在进行以下操作前,首先阅读SRS气囊注意事项。

(1)拆卸仪表板左下装饰板。如图8-23所示脱开3个卡爪和卡子,并拆下仪表板左下装饰板。

(2)拆卸仪表板左端装饰板。如图8-24所示在图示位置粘贴保护性胶带,插入车顶防护条拆卸工具并向卡子滑动拆卸工具。如图8-25所示,用双手拉动拆卸工具以将卡子脱开。如图8-26所示脱开2个卡爪和卡子,拆下仪表板左端装饰板。

项目八　汽车仪表的结构与拆装

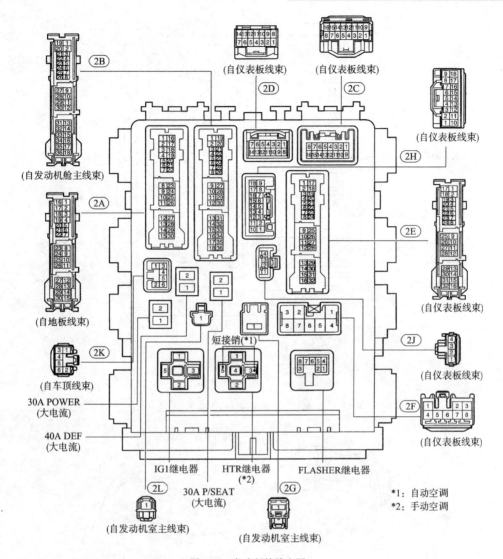

图 8-20　仪表板接线盒 1

(3) 拆卸仪表组装饰板总成。操作倾斜度调节杆降下转向盘总成。在图 8-27 所示位置粘贴保护性胶带。如图 8-28 所示,脱开导销、卡爪和 3 个卡子,并拆下仪表组装饰板总成。

(4) 拆卸组合仪表总成。如图 8-29 所示,拆下 2 个螺钉、脱开 2 个导销。如图 8-30 所示,拉出组合仪表总成,断开连接器,并拆下组合仪表总成。

◇小提示:拆下组合仪表总成时,小心不要损坏导销。拆下组合仪表总成时,不要损坏上仪表板分总成或组合仪表总成。

(5) 拆解组合仪表总成。如图 8-31 所示,脱开 8 个卡爪,并拆下组合仪表玻璃。

3. 安装步骤

(1) 安装组合仪表总成。连接连接器,并暂时安装组合仪表总成。

◇小提示:安装组合仪表总成时,不要损坏上仪表板分总成或组合仪表总成。

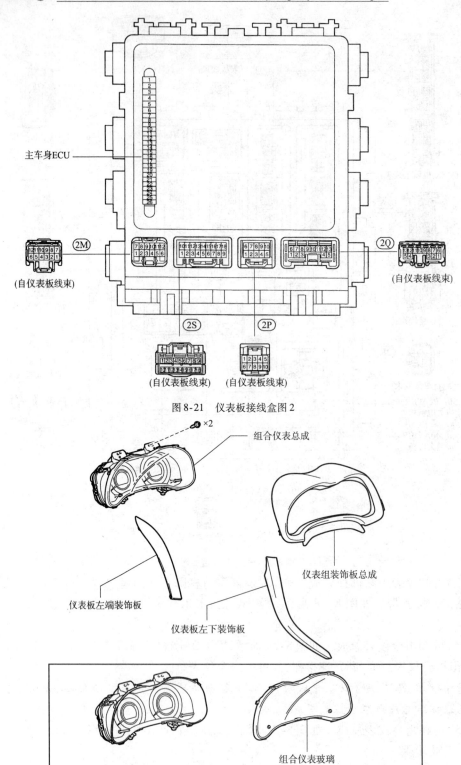

图8-21 仪表板接线盒图2

图8-22 卡罗拉ZRE151、152系列组合仪表结构图

项目八 汽车仪表的结构与拆装

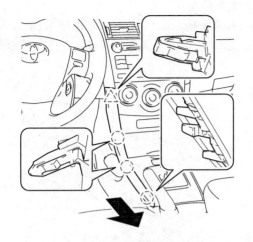

图 8-23　拆卸仪表板左下装饰板

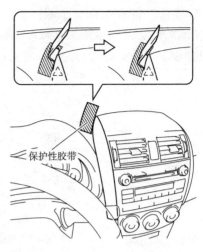

图 8-24　拆卸仪表板左端装饰板第 1 步

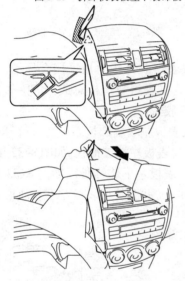

图 8-25　拆卸仪表板左端装饰板第 2 步

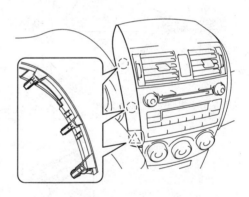

图 8-26　拆卸仪表板左端装饰板第 3 步

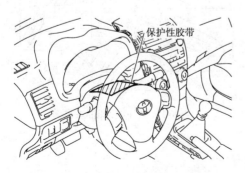

图 8-27　粘贴保护性胶带

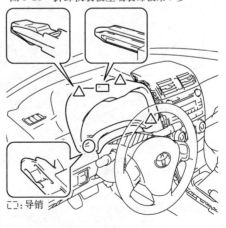

图 8-28　仪表组装饰板总成的拆卸

(2)接合2个导销,用2个螺钉安装组合仪表总成。

◎**小提示**:安装组合仪表总成时,将导销牢固地插入上仪表板分总成的孔内,小心不要损坏导销。

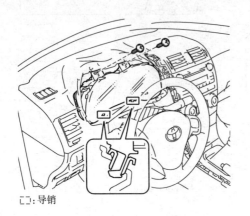

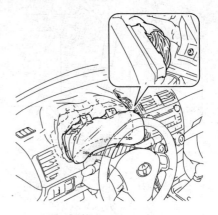

图8-29 组合仪表总成的螺钉和导销的拆卸　　图8-30 组合仪表总成的拆卸

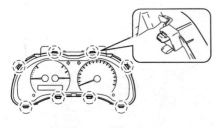

图8-31 组合仪表总成的拆解

(3)安装仪表组装饰板总成。接合导销、卡爪和3个卡子,并安装仪表组装饰板总成。清除转向柱罩上贴着的保护性胶带。

(4)安装仪表板左端装饰板。接合2个卡爪和2个卡子,并安装仪表板左端装饰板,如图8-32所示。

(5)安装仪表板左下装饰板。如图8-33所示接合3个卡爪和卡子,并安装仪表板左下装饰板。

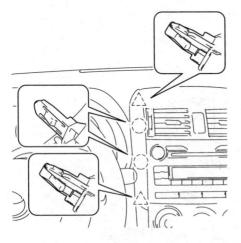

图8-32 左端装饰板的安装　　图8-33 左下装饰板的安装

四、评价与反馈

1.对学习任务进行评价,如表8-4所示。

项目八　汽车仪表的结构与拆装

学习任务评分表　　　　　　　　　　　　　　　　　　　　表 8-4

考核项目	评分标准	分数	学生自评	小组互评	教师评价	小　计
团队合作	是否和谐	5				
活动参与	是否积极主动	5				
安全生产	有无安全隐患	10				
现场5S	是否做到	10				
任务方案	是否正确、合理	15				
操作过程	熟悉汽车仪表的结构 仪表线路的连接 拆卸组合仪表总成 安装组合仪表总成	30				
任务完成情况	是否圆满完成	5				
工具和设备使用	是否规范、标准	10				
劳动纪律	是否能严格遵守	5				
工单填写	是否完整、规范	5				
总分		100				
教师签写：			年　　月　　日		得分	

2. 能否向顾客说明汽车仪表的作用？

项目九　汽车音响的结构与拆装

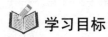

学习目标

完成本项目学习后,你应能:
1. 叙述汽车音响的组成及作用;
2. 知道汽车音响的结构;
3. 规范地完成汽车音响各部件的拆装。

建议课时:6 课时

课题一　汽车音响的结构

一、汽车音响的组成及作用

汽车音响系统有助于创造车内舒适环境,驾驶人和乘客能轻松自在地从音响系统上收听音乐和节目,汽车音响也使驾驶人能听到重要新闻,包括道路交通消息。除了收听广播电台外,还可欣赏自己喜欢的音乐磁带和 CD。

目前,汽车音响系统采用电子调谐收音机(ETR),用数字显示所收到的频率,大多还将汽车收音机、盒式磁带唱机和 CD 唱机组合为一个整体。其电路部分又分为收音部分、放音部分、功率放大部分以及其他的信号部分。图 9-1 是常见简单的汽车音响方框图。

1. 收音机

收音机由天线、无线电接收机和扬声器组成。无线电接收机包括两大部分:调谐器和放大器。

(1)天线。为取得较好的收听效果,汽车安装的电动天线是在车内即可控制天线的伸缩。接收天线的形式有电动天线和全自动天线两种。

(2)调谐器。调谐器把从天线接收到的低压信号,选择出听众想听的节目的频率,进入高频放大器电路放大,再传送到解调电路,把声音信号和载波信号分开,然后送至低频放大器进一步放大,经过放大器放大的声音信号,可分左、右声道放出。

(3)放大器。放大来自调谐器的声音信号,并将其传送至扬声器。放大器是与调谐器结合在一起的。放大器由两大部分组成:前置放大器和主放大器。前置放大器控制音量、音调和左右前后平衡,并通过 CD(液晶显示)显示工作情况。主放大器则将来自前置放大器的信号原样放大,驱动扬声器。放大器的性能可用输出功率(W)和信噪比(SN)来表示放

项目九 汽车音响的结构与拆装

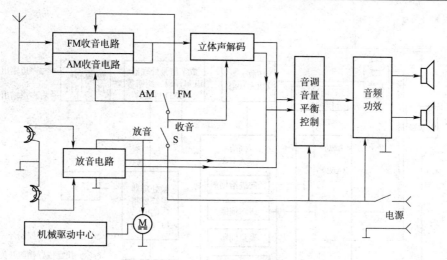

图9-1 汽车音响方框图

大器的性能和质量。

（4）扬声器。扬声器把来自放大器的电信号转换成声波。为了取得高保真声音效果，汽车音响系统安装有全频段扬声器，还包括低、中、高各频段扬声器。

◇小提示：AM 和 FM 广播的服务区域差异极大。有时能非常清楚地接收到 AM 广播，但是不能接收到 FM 立体声广播。FM 立体声广播的服务区域最小，并且易受静电或噪声等其他类型的干扰。

2. 盒式磁带唱机

盒式磁带唱机将盒式磁带上的磁信号转换成为声音。盒式磁带唱机由磁带控制机构和放大器两部分组成。

磁带控制机构用来控制走带以及磁盒的送入与弹出。它包括有送入、放音、快进、倒带、停止、弹出等功能。

3. CD 唱机

CD 唱机用激光光束读出刻录在 CD 唱片上的数字音乐信号，并将其转换为原来的模拟电信号。这些信号传送至放大器放大后，再传送至扬声器转换为声音。

CD 唱机主要包括机械系统、信号读取系统（激光头系统）、伺服系统（包括聚焦伺服、跟踪伺服、径向进给伺服、主轴伺服）、解码、纠错和数/模转换器等数字信号处理系统及系统控制等如图9-2所示。

◇小提示：由于 CD 播放机使用不可见的激光束，所以请勿直视激光头。务必按照说明操作播放机。

4. 汽车音响系统的使用

（1）汽车收音机的使用要点。

①接收天线的状态良好、连线可靠。

②注意防止干扰。当汽车在电磁干扰较强的场合时，例如接近雷达、无线电电报台、吊车及电焊切割等，应停止使用收音机。

③用好电台储存功能。把平时经常收听的节目台存储在收音机内，重新开机后，记忆

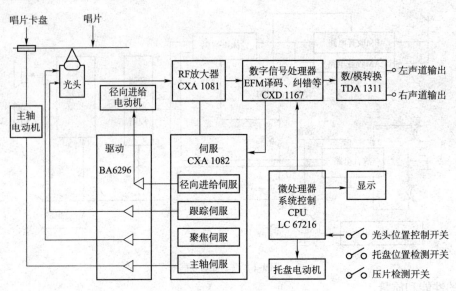

图9-2 CD唱机系统组成框图

便生效。

(2)磁带放音机的使用要点。

①按规定步骤操作使用。各种操作要轻按动、轻释放,避免用力过猛造成机件损坏。放音中如要进行快进或快退,都要先按停止键后再转换,防止机芯的转动不因突然改变受力而损坏。只有在静止情况下才能打开仓盒,装取磁带。

②尽量减少使用暂停键。

③要使用质量好的录音带。

④自动选曲功能只能在放音状态下进行。

⑤正确使用杜比降噪系统。

(3)激光电唱机的使用要点。

①注意合理安放。激光电唱机怕振动,在后备箱内注意不要有来回活动的重物碰撞激光电唱机,注意盖好并锁定仓门。

②正确取放唱片。打开唱片仓盘后,要将唱片的标签面朝上放入仓盘。如唱片装反,将无法读出信号。

③不要将其他物品放到唱片盘内,也不要将两张唱片重叠在一起放唱,否则将会加重驱动系统的负担,并可能造成损坏。

④对于设有数字信号端口的CD唱机,应尽量使用该接口,将输出的信号送至外接的数字解码器,最后送到放大器,这样可以获得更优良的音质。

⑤注意各接口的连接位置正确。仔细阅读说明书后,再实施连接。

二、卡罗拉汽车音响的结构

图9-3所示为卡罗拉轿车音频和视频系统的零件位置图,图9-4所示为卡罗拉轿车音频和视频系统的系统图。该车音频和视频系统主要收音机、扬声器、天线等。

项目九 汽车音响的结构与拆装

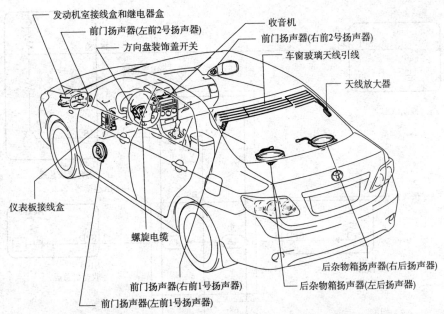

图9-3 卡罗拉轿车汽车音频和视频系统的零件位置图

◆**小提示**：寒冷或下雨天气时,如果窗户湿气增加,播放机内可能形成湿气以及凝露。在这种情况下,CD可能出现跳读情况或者CD在播放中途停止。使用播放机前,对车厢进行一段时间的通风或除湿。

三、卡罗拉汽车音响电路

1. 收音机和组合仪表之间的车速信号电路

收音机和组合仪表之间的车速信号电路如图9-5所示。此电路是内置于收音机内的ASL(自动音频补偿器)所需的电路。组合仪表接收车速信号并用于ASL电路。为了在车辆噪声增大时也能达到清晰的音响收听效果,ASL功能会自动调整声音数据(比如在车辆噪声增大时调高音量等)。

各ECU输出12V或5V的电压,然后输入至组合仪表。在组合仪表的晶体管中,此信号转变成脉冲信号。各ECU根据此脉冲信号控制各系统。

如果任何一个ECU或者连接到ECU的线束中发生短路,则下图中的所有系统都将无法正常工作。

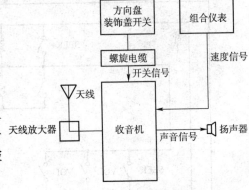

图9-4 卡罗拉轿车汽车音频和视频系统的系统图

2. 转向盘装饰盖开关电路

如图9-6所示,转向盘装饰盖开关电路将工作信号从转向盘装饰盖开关信号发送到收音机。如果该电路断路,则无法通过转向盘装饰盖开关操作音响系统。如果该电路短路,将出现与持续按住开关相同的状况。因此,无法通过转向盘装饰盖开关操作收音机,并且收音机本身也无法工作。

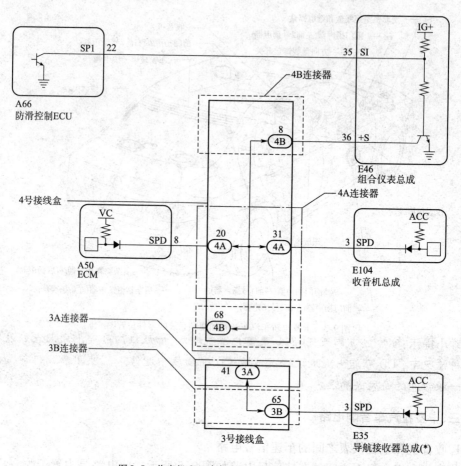

图 9-5 收音机和组合仪表之间的车速信号电路

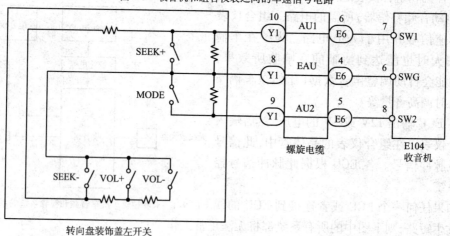

图 9-6 转向盘装饰盖开关电路

3. 收音机和转向盘装饰盖开关照明电路

如图 9-7 所示,当灯控开关置于 TAIL 或 HEAD 位置时,收音机和转向盘装饰盖开关照明电路向收音机和转向盘装饰盖开关供电以照明。

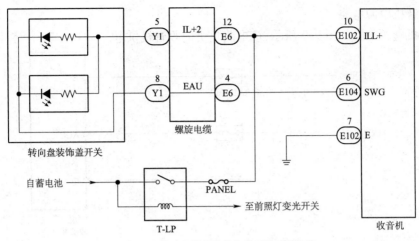

图9-7 收音机和转向盘装饰盖开关照明电路

4. 扬声器电路

如图9-8所示,当收音机有内置式放大器时,声音信号通过扬声器电路从收音机发送至扬声器。

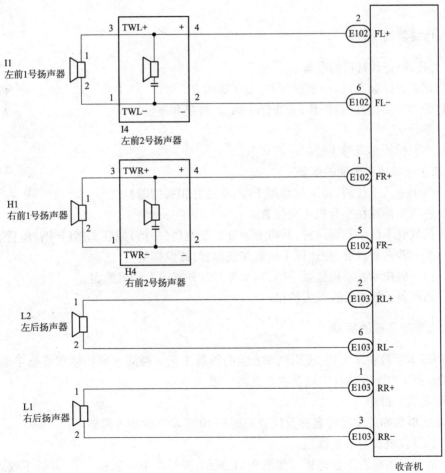

图9-8 扬声器电路

5. 收音机电源电路

收音机电源电路如图 9-9 所示,该电路负责向收音机供电。

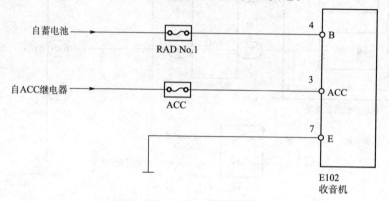

图 9-9　收音机电源电路

课题二　汽车音响的拆装

一、作业前的准备

1. 工具、设备和材料的准备

(1) 仪表板拆装工具、一字螺丝刀、十字螺丝刀。

(2) 磁力护裙、转向盘护套、变速杆手柄套、脚垫和座位套。

(3) 举升机。

(4) 卡罗拉轿车维修手册。

2. 作业前场地和车辆的准备

(1) 汽车进入工位前,将工位清理干净,准备好相关的器材。

(2) 将汽车停驻在举升机中央位置。

(3) 拉紧驻车制动器操纵杆,并将变速杆置于空挡(N 挡)或驻车挡(P 挡)位置。

(4) 套上转向盘护套、变速杆手柄套和座位套,铺设脚垫。

(5) 在车内拉动发动机舱盖手柄,在车外打开并支撑发动机舱盖。

(6) 粘贴翼子板和前脸磁力护裙。

二、汽车收音机的拆装

下面以卡罗拉轿车为例,说明汽车音响的拆装工艺。翻阅卡罗拉轿车维修手册,对照汽车实物,找出汽车音响各组成及在车上的位置。

1. 收音机的拆卸

收音机拆装相关零部件名称及位置如图 9-10 所示。拆卸步骤如下:

(1) 拆卸仪表板左下装饰板。

(2) 拆卸仪表板右下装饰板。如图 9-11 所示,脱开 3 个卡爪和卡子,并拆下仪表板右下装饰板。

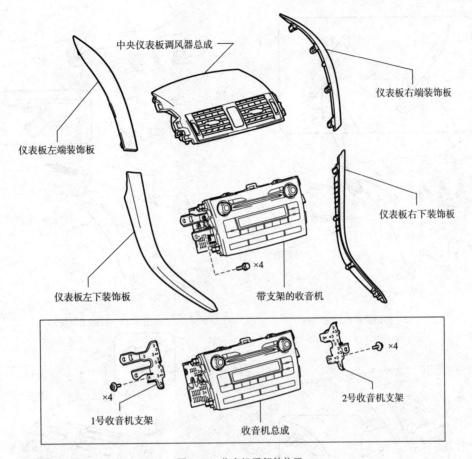

图9-10 收音机零部件位置

(3) 拆卸仪表板左端装饰板。

(4) 拆卸仪表板右端装饰板。如图9-12所示,粘贴保护性胶带。如图9-13所示,插入拆卸工具并向卡子滑动拆卸工具,用双手拉动拆卸工具将卡子脱开。如图9-14所示,脱开2个卡爪和卡子,拆下仪表板右端装饰板。

(5) 拆卸中央仪表板调风器总成。如图9-15所示,脱开2个卡爪、4个爪子和2个导销,断开连接器,拆下中央仪表板调风器总成。

(6) 拆卸带支架的收音机。如图9-16所示,拆下4个螺栓。如图9-17所示,将带支架的收音机向车后方向拉,脱开4个卡子。断开各个连接器并拆下带支架的收音机。

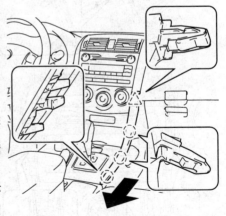

图9-11 拆卸仪表板右下装饰板

(7) 如图9-18所示拆卸2号收音机支架。拆下4个螺钉和2号收音机支架。

(8) 如图9-19所示拆卸1号收音机支架。拆下4个螺钉和1号收音机支架。

(9) 拆卸收音机总成。

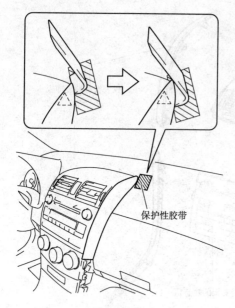

图 9-12　粘贴保护性胶带

保护性胶带

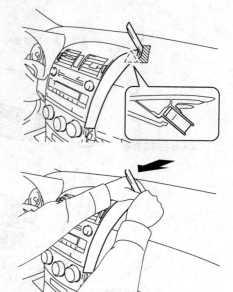

图 9-13　拆卸工具使用

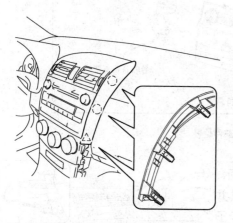

图 9-14　拆卸仪表板右端装饰板

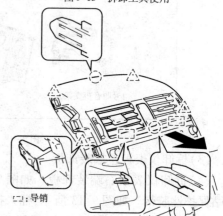

：导销

图 9-15　拆卸中央仪表板调风器总成

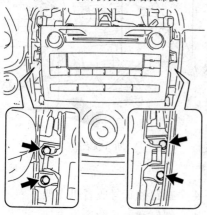

图 9-16　拆下收音机支架固定螺栓

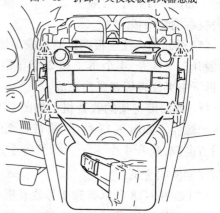

图 9-17　拆下带支架的收音机

项目九　汽车音响的结构与拆装

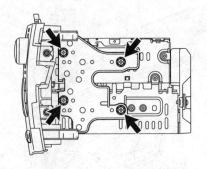
　　图9-18　拆下2号收音机支架

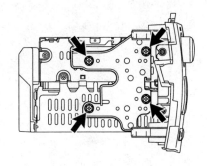
　　图9-19　拆下1号收音机支架

2. 收音机的安装

（1）安装收音机总成。

（2）安装1号收音机支架。用4个螺钉安装1号收音机支架。

（3）安装2号收音机支架。用4个螺钉安装2号收音机支架。

（4）安装带支架的收音机。连接每个连接器，接合4个卡子，用4个螺栓安装带支架的收音机。

（5）安装中央仪表板调风器总成。连接连接器，接合2个导销、2个卡爪和4个卡子，并安装中央仪表板调风器总成。

（6）安装仪表板左端装饰板。接合2个卡爪和2个卡子，并安装仪表板左端装饰板。

（7）安装仪表板右端装饰板。接合2个卡爪和2个卡子，并安装仪表板右端装饰板。

（8）安装仪表板左下装饰板。接合3个卡爪和卡子，安装仪表板左下装饰板。

（9）安装仪表板右下装饰板。接合3个卡爪和卡子，并安装仪表板右下装饰板。

三、前门扬声器的拆装

1. 前门扬声器的拆卸

前门扬声器拆装相关零部件名称及位置如图9-20所示。拆卸步骤如下：

（1）拆卸前门内把手框。如图9-21所示，使用头部缠有保护胶带的螺丝刀脱开3个卡爪并拆下前门内把手框。

（2）拆卸前扶手座上板。如图9-22所示，使用头部缠有保护胶带的螺丝刀脱开2个卡子和6个卡爪，拆下前扶手座上板，断开连接器。

（3）拆卸门控灯总成（带门控灯）。如图9-23所示，使用头部缠有保护胶带的螺丝刀脱开卡爪并拆下门控灯总成，断开连接器。

（4）拆卸前门装饰板分总成。如图9-24所示，使用头部缠有保护胶带的螺丝刀脱开卡爪并断开车门扶手盖。如图9-25所示，拆下2个螺钉。如图9-26所示，使用卡子拆卸工具，脱开9个卡子。脱开5个卡爪并从前门玻璃内密封条上分开前门装饰板分总成。如图9-27所示，脱开2个卡爪，并断开前门内把手分总成。

（5）拆卸前1号扬声器总成。如图9-28所示，断开连接器，用一个直径小于4mm的钻

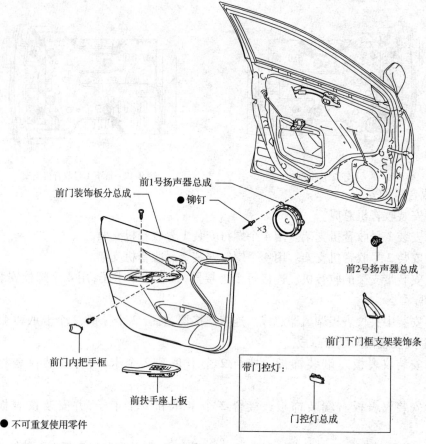

图9-20 前门扬声器零部件位置

头,钻下3个铆钉头并拆下前1号扬声器总成。继续钻孔并推出残留的铆钉碎片。使用真空吸尘器,从车门内清除铆钉碎片和切屑。

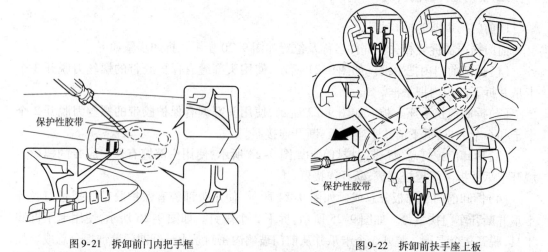

图9-21 拆卸前门内把手框　　　　　　　图9-22 拆卸前扶手座上板

◇小提示:拆下时不要触摸扬声器的音盆部分。钻铆钉时不要有角度,因为这样会损坏钻头和钻孔。钻下铆钉头时要小心,因为铆钉切口会很热。

(6)拆卸前门下门框支架装饰条。如图9-29所示,脱开卡子和卡夹,并拆下前门下门框支架装饰条,断开连接器。

(7)拆卸前2号扬声器总成。如图9-30所示,脱开3个卡爪并拆下前2号扬声器总成。

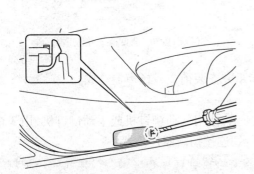

图9-23 拆卸门控灯总成

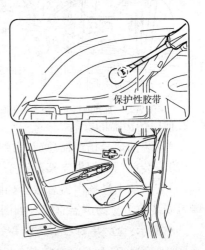

图9-24 断开车门扶手盖

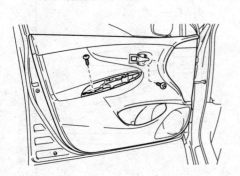

图9-25 拆下前门装饰板固定螺钉

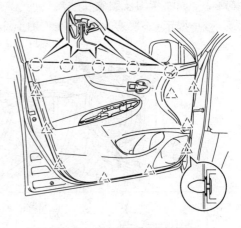

图9-26 分开前门装饰板分总成

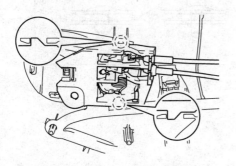

图9-27 拆卸前门装饰板分总成

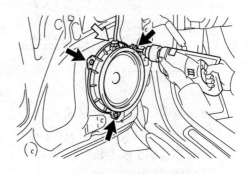

图9-28 拆卸前1号扬声器总成

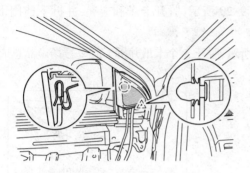

图9-29 拆卸前门下门框支架装饰条

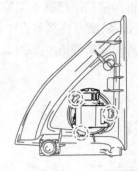

图9-30 拆卸前2号扬声器总成

2. 前门扬声器的安装

(1) 安装前2号扬声器总成。接合3个卡爪并安装前2号扬声器总成。

(2) 安装前门下门框支架装饰条。

(3) 安装前1号扬声器总成。如图9-31所示,使用气动铆钉机或手动铆钉机,用3个新铆钉安装前1号扬声器总成。如图9-32所示,连接扬声器连接器。

◆小提示:请勿用铆钉机撬动铆钉,因为这会损坏铆钉机和心轴。检查并确认铆钉已正确安装到防护条上面。在将铆钉安装到防护条上时,不要倾斜铆钉机。在铆钉头和防护条之间不要留有任何空隙。在防护条和门框之间不要留有任何空隙。安装铆钉时,应将这2个部件牢固地固定在一起。

◆小提示:如果无法切除铆钉,则向外拔一下铆钉后再切除。

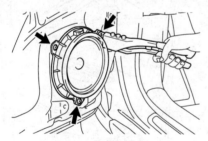

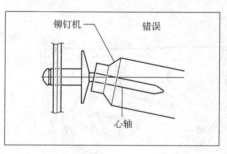

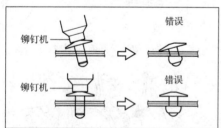

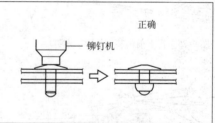

图9-31 用铆钉机安装新铆钉

(4) 安装前门装饰板分总成。

(5) 安装门控灯总成(带门控灯)。

(6) 安装前扶手座上板。

(7) 安装前门内把手框。

项目九 汽车音响的结构与拆装

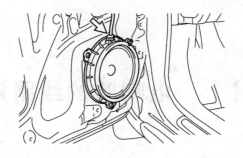

图 9-32　连接扬声器连接器

四、评价与反馈

1. 对学习任务进行评价,如表 9-1 所示。

学习任务评分表　　　　　　　　　　表 9-1

考核项目	评分标准	分数	学生自评	小组互评	教师评价	小　计
团队合作	是否和谐	5				
活动参与	是否积极主动	5				
安全生产	有无安全隐患	10				
现场5S	是否做到	10				
任务方案	是否正确、合理	15				
操作过程	汽车音响电路各部件的识读 拆装收音机 拆装前扬声器 拆装后杂物箱扬声器	30				
任务完成情况	是否圆满完成	5				
工具和设备使用	是否规范、标准	10				
劳动纪律	是否能严格遵守	5				
工单填写	是否完整、规范	5				
总分		100				
教师签写:			年　月　日		得分	

2. 能否指导顾客正确使用汽车音响?

项目十　电喇叭的线路连接

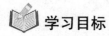　学习目标

完成本项目学习后,你应能:
1. 叙述汽车电喇叭的作用;
2. 知道电喇叭的种类与结构;
3. 分析电喇叭的工作原理;
4. 正确地连接电喇叭线路;
5. 规范地完成电喇叭的拆卸与安装。

 建议课时:6课时

课题一　电喇叭的结构与工作原理

一、喇叭的作用与分类

汽车上都装有喇叭,喇叭是汽车上的一种安全部件,用来警告路上行人和其他车辆,以引起注意,保证行车安全。

喇叭按发音动力的不同分气喇叭和电喇叭两类;按外形分螺旋形、筒形、盆形三类,如图10-1所示;按声频分高音和低音两种;按有无触点可分触点式和电子式两种。

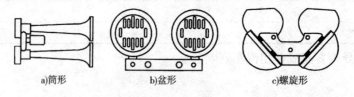

图10-1　喇叭外形图

电喇叭通过电磁作用推动金属膜片振动产生声音。这类喇叭便于调节音调,声音也较悦耳,广泛运用于汽车、拖拉机与摩托车。中小型汽车多使用体积小、重量轻、噪声低、指向性强的盆型喇叭。

气喇叭通过气流推动金属膜片发出声音,外形大多呈筒形,多用于气制动的大型车辆上。特点是声响高,指向性强,声音传播距离远,缺点是音质差、体积大。

蜗牛喇叭最大特点是声音悦耳,多用于指向性要求不高的轿车上。

电子喇叭通过电子音频放大电路推动扬声器发声,最大特点是声强、声调调整更加方便,音质也好。由于没有触点,不仅故障率低,使用寿命也长。

◎**小提示**:汽车该用哪种喇叭,国家没有具体规定,由生产厂家自己决定。不过,为了降低噪声污染,GB7258-2004对于喇叭的声级有规定,其值在90~115dB之间。

二、汽车电喇叭的结构及工作原理

1. 筒形、螺旋形电喇叭

筒形、螺旋形电喇叭的构造如图10-2所示。其主要机件由山形铁芯、励磁线圈、衔铁、膜片、共鸣板、扬声筒、触点以及电容器等。膜片和共鸣板借中心杆与衔铁、调整螺母、锁紧螺母联成一体。通过线圈的通断使得膜片不断振动,从而发出一定音调的音波由扬声筒加强后传出。

2. 盆形电喇叭

盆形电喇叭工作原理与筒形、螺旋形电喇叭相同,都是通过控制线圈的开闭使得膜片振动引起共鸣板共鸣来发声的。只不过盆形电喇叭的发声效果更好些,在没有扬声筒的情况下,仍能够发出较大的声响。其结构特点如图10-3所示。

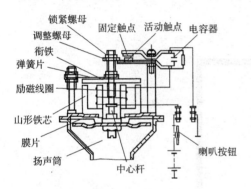

图10-2 螺旋形电喇叭结构图

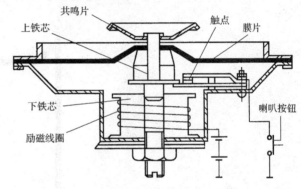

图10-3 盆形电喇叭结构图

3. 电子电喇叭

电子电喇叭用晶体三极管取代触点,避免了触点烧蚀等故障的产生,使得电喇叭的工作性能更为可靠。

三、喇叭继电器

为了得到更加悦耳的声音,在汽车上常装有两个不同音调(高、低音)的喇叭。其中高音喇叭膜片厚,扬声筒短,低音喇叭则相反。有时甚至用三个(高、中、低)不同音调的喇叭。装用单只喇叭时,喇叭电流是直接由按钮控制的,按钮大多装在转向盘的中心。当汽车装用双喇叭时,因为消耗电流较大(15~20A),用按钮直接控制时,按钮容易烧坏。为了避免这个缺点,采用喇叭继电器,喇叭继电器构造与控制电路如图10-4所示。

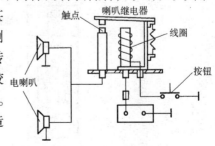

图10-4 喇叭继电器结构图

◇小提示：汽车上单只喇叭时，喇叭电流是直接由按钮控制的，不需要喇叭继电器。

四、电喇叭电路图

卡罗拉轿车电喇叭电路图如图 10-5 所示。喇叭开关位于转向盘装饰盖开关总成内，喇叭继电器集成在发动机舱左侧的 1 号接线盒内。按下喇叭开关，喇叭继电器线圈通电，喇叭继电器触点闭合，喇叭工作。

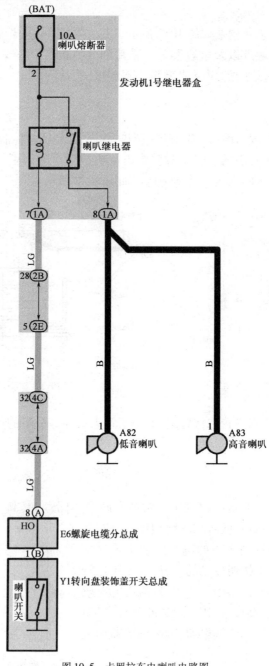

图 10-5 卡罗拉车电喇叭电路图

课题二 电喇叭的线路连接与拆装

一、作业前的准备

1. 工具、设备和材料的准备
(1)仪表板拆装工具、螺丝刀。
(2)磁力护裙、转向盘护套、变速杆手柄套、脚垫和座位套。
(3)举升机。
(4)常规工具。
(5)卡罗拉轿车维修手册。

2. 作业前场地和车辆的准备
(1)汽车进入工位前,将工位清理干净,准备好相关的器材。
(2)将汽车停驻在举升机中央位置。
(3)拉紧驻车制动器操纵杆,并将变速杆置于空挡(N挡)或驻车挡(P挡)位置。
(4)套上转向盘护套、变速杆手柄套和座位套,铺设脚垫。
(5)在车内拉动发动机舱盖手柄,在车外打开并支撑发动机舱盖。
(6)粘贴翼子板和前脸磁力护裙。

二、电喇叭的线路连接

下面以卡罗拉轿车为例,说明电喇叭线路的连接情况。

根据本教材中电路图10-5以及卡罗拉轿车维修手册(电路图),找出喇叭、熔断器、喇叭继电器及各个相关连接器的位置。如图10-6所示。喇叭熔断器在发动机1号继电器盒内,发动机1号继电器盒位于引擎盖下发动机右侧,如图10-7所示。喇叭继电器为集成继电器,集成在发动机1号继电器盒内。喇叭开关位于转向盘装饰盖内。

1A线束连接器位于发动机1号接线盒内,2B和2E线束连接器位于驾驶室前围左侧的仪表板接线盒内。4A和4C线束连接器位于仪表板右侧支架上的4号接线盒内,如图10-8所示。

三、电喇叭的拆卸与安装

1. 电喇叭的拆卸
(1)打开发动机舱盖。
(2)断开蓄电池负极电缆,如图10-9所示。

◇小提示:断开并重新连接蓄电池负极电缆后,驻车辅助监视系统需要初始化。

(3)拆卸散热器上空气导流板。
(4)拆卸散热器格栅防护罩。如图10-10所示,拆下2个散热器格栅防护罩。
(5)拆卸前保险杠总成。如图10-11、图10-12使用螺丝刀,将销转动90°并拆下销固定卡子,拆下卡子。如图10-13所示沿前保险杠总成四周粘贴保护性胶带,拆下6个螺钉、

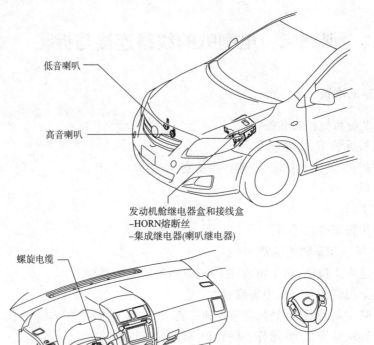

图 10-6　卡罗拉车辆喇叭系统组成图

图 10-7　喇叭熔断器的位置

2个螺栓和3个卡子。如图10-14所示,脱开6个卡爪并拆下前保险杠总成。带雾灯或侦测声呐系统时断开连接器。

◇小提示：右侧卡子与左侧程序拆卸相同。

(6)拆卸低音喇叭总成。如图10-15所示,断开连接器,拆下螺栓和低音喇叭总成。

◇小提示：如汽车带有前照灯清洗器系统,拆卸低音喇叭总成时应先排空清洗液。

项目十 电喇叭的线路连接

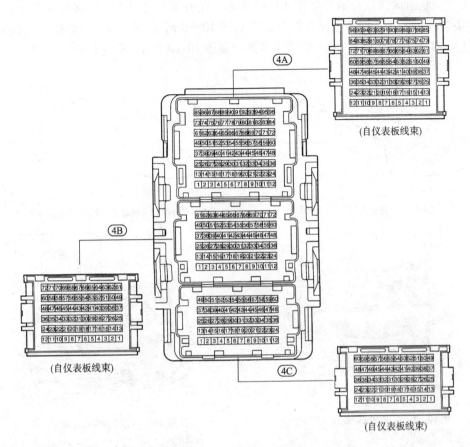

图 10-8　4 号接线盒端子

(7)拆卸高音喇叭总成。如图 10-16 所示,断开连接器,拆下螺栓和高音喇叭总成。

2. 电喇叭的安装

(1)安装喇叭总成。用螺栓安装低音喇叭总成、高音喇叭总成,连接连接器。

◇小提示:高音喇叭和低音喇叭的拧紧力矩均为 20N·m。

(2)将清洗液罐加满清洗液(带前照灯清洗器系统)。

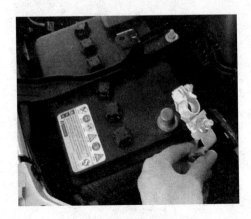

图 10-9　断开蓄电池负极电缆

图 10-10　拆卸散热器格栅防护罩

169

(3)安装前保险杠总成。如图10-17所示,断开雾灯连接器(带雾灯或侦测声纳系统),接合6个卡爪并安装前保险杠总成。如图10-18所示,安装6个螺钉、3个卡子和2个螺栓。如图10-19所示,安装销固定卡夹。如图10-20所示,安装卡子。

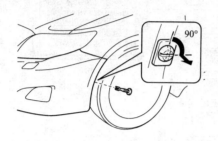

图10-11 拆卸前保险杠总成第1步

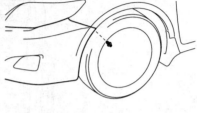

图10-12 拆卸前保险杠总成第2步

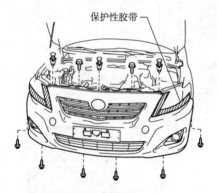

图10-13 拆卸前保险杠总成第3步

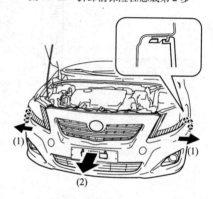

图10-14 拆卸前保险杠总成第4步

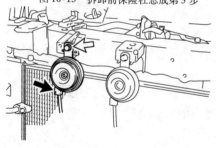

图10-15 拆卸低音喇叭总成

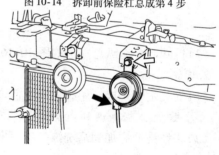

图10-16 拆卸高音喇叭总成

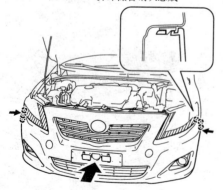

图10-17 安装前保险杠总成

图10-18 安装前保险杠总成螺钉

◎小提示：右侧安装与左侧程序相同。

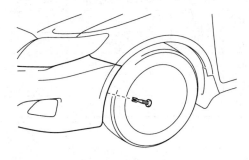

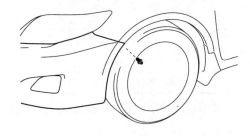

图 10-19 安装销固定卡夹　　　　　　　图 10-20 安装卡子

◎小提示：右侧卡子安装程序与左侧相同。

(4) 安装散热器格栅防护罩。如图 10-21 所示，安装 2 个散热器格栅防护罩。

(5) 安装散热器上空气导流板。如图 10-22 所示，安装 6 个卡子和散热器上空气导流板。

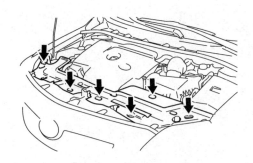

图 10-21 安装散热器格栅防护罩　　　　图 10-22 安装散热器上空气导流板

四、评价与反馈

1. 对学习任务进行评价，如表 10-1 所示。

学习任务评分表　　　　　　　　　　　表 10-1

考核项目	评分标准	分数	学生自评	小组互评	教师评价	小　计
团队合作	是否和谐	5				
活动参与	是否积极主动	5				
安全生产	有无安全隐患	10				
现场 5S	是否做到	10				
任务方案	是否正确、合理	15				
操作过程	电喇叭电路各部件的查找与连接 拆卸高、低音喇叭 安装高低音喇叭	30				
任务完成情况	是否圆满完成	5				

续上表

考核项目	评分标准	分数	学生自评	小组互评	教师评价	小 计
工具和设备使用	是否规范、标准	10				
劳动纪律	是否能严格遵守	5				
工单填写	是否完整、规范	5				
总分		100				
教师签写:		年 月 日			得分	

2. 能否向顾客提出正确使用喇叭的建议？

项目十一　电动刮水器的结构与拆装

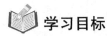学习目标

完成本项目学习后,你应能:
1. 知道各种常见通用维修工具的使用及注意事项;
2. 知道汽车电动刮水器的基本结构与工作原理;
3. 正确操作电动刮水器拆装过程;

建议课时:6课时

课题一　电动刮水器的结构与工作原理

为了提高汽车在雨天和雪天行驶时驾驶人的能见度,汽车专门设置了风窗玻璃刮水器。作用是刮除风窗玻璃上的雨水、雪花及污物,确保驾驶人有良好的视野。目前,刮水器有真空式、气动式和电动式三种。气动式只适用于有压缩空气气源的汽车,电动刮水器由于动力大、容易控制而在汽车上广泛使用。

一、电动刮水器的结构

刮水器安装在风窗玻璃下部,在汽车的风窗玻璃上部装有两个刮水片,刮水臂摆动角度一般在110°以上,刮臂运动方式为平行式或对向式,其特点是结构简单,容易控制,有多种工作速度可供选择。

电动刮水器一般由刮水电动机、传动机构、雨刮三大部分组成。其控制电路还包括刮水器开关、间歇继电器等附件。其中,风窗刮水器由微型直流电机驱动,通过联动机构使风窗玻璃外表面上的刮水片来回摆动,从而清除风窗玻璃上的雨雪或污物。一般轿车的电动刮水器安装在车辆前风窗玻璃前端,其结构如图11-1所示。永磁式直流电动机固装在车辆支架上,拉杆、摆杆、连杆组成杠杆联动机构,摆杆上连接有刮片架,刮片架的上端连接橡胶刮片。电动机的旋转运动由轴端的蜗杆传给蜗轮并转换为往复运动,蜗轮上的偏心销与连杆铰接。蜗轮运动时,通过连杆带动摆杆摆动,风窗玻璃上的刮水片便在刮片架的带动下摆动刮水。

刮水电动机现多为永磁式电动机。它的磁极为铁氧体永久磁铁,铁氧体具有陶瓷的脆性、硬性和不耐冲击的特点,而且它不易退磁,价格低廉,所以在汽车上得到广泛使用。双速永磁刮水电动机结构见图11-2所示、电动机为永磁式三刷电动机,转子电枢采用对称

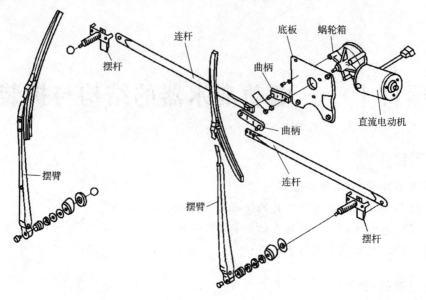

图 11-1 刮水器的结构

叠绕式电枢绕组,原理图见图 11-3 所示。

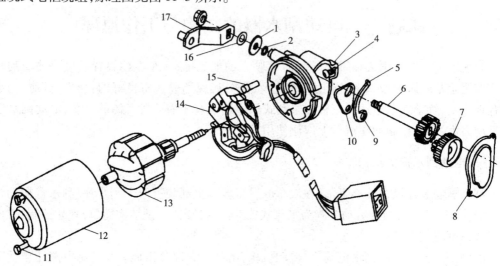

图 11-2 永磁式电动机结构图

1-平垫圈;2-O 形圈;3-减速器壳;4-弹簧;5-复位开关顶杆;6-输出齿轮和轴;7-惰轮和蜗轮;8-减速器盖;9-放在凸轮表面的部分;10 复位开关的定位板;11-长螺钉;12-电动机外壳和磁铁总成;13-电枢;14-三个电刷的安装位置和复位开关总成;15-复位开关顶杆及其与开关联动的销子;16-弹簧垫圈;17-输出臂

永磁式三刷电动机,是利用三个电刷改变正负电刷之间串联的线圈数实现变速的,原理见图 11-3 所示。当开关拔向 L 时,电源电压 U 加在 B1 和 B3 之间,分别有线圈①⑥⑤和线圈②③④两条支路,各三个线圈。这三个线圈产生的全部反电势与电源电压平衡后,电动机便稳定旋转。由于有三个线圈串联的反电动势与电源电压 U 平衡,故转速较低。当开关拔向 H 时,电源电压 U 加在 B2 和 B3 之间,分别有线圈②①⑥⑤和线圈③④两条支路串联,其中线圈②与线圈①⑥⑤的反电势相反,互相抵消后,变为只用两个线圈的反电动势与电源电压 U 平衡因而只有转速升高使反电动势增大,才能得到新的平衡,故转速较高。

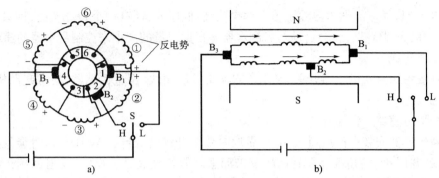

图 11-3　永磁电动机变速原理

另外,为了不影响驾驶人的视线,要求刮水器片自动复位,不管在什么时候切断电源,刮水器片都能自动停止在风窗玻璃的下部。图 11-4 为刮水器自动复位装置的示意图。

在减速蜗轮 8 上,嵌有铜环,其中较大的一片 9 与电机外壳相连而搭铁,触点臂 3、5 用磷铜片制成,外触点臂只能断续地与短铜环 7 接触,内触点臂位于长铜环的半径处,运动过程中分别与长短铜环接触。

自动复位功能的永磁电动机双速刮水器的基本控制电路如下。

(1) 接通电源总开关,当刮水变速开关置 I 挡,其电路为:蓄电池"+"→总开关→保险→电刷→电枢→电刷"L"→变速开关"I"→搭铁。此时,电动机以低速运转。

(2) 当变速开关置于 II 挡时,其电路为:蓄电池"+"→总开关→保险→电刷→电枢→电刷"H"→变速开关"II"→搭铁,刮水器以高速转动。

当刮水器开关推到"0"位时,若刮水片尚未达到停放位置,其内触片与长滑片接触,触片处于开路状态。其电路为:蓄电池"+"→总开关→保险器→电刷→电枢→电刷"L"→刮水器开关"0"挡→内触片→长滑片→搭铁→蓄电池"-"。此时刮水器低速运转,当摇臂摆到停止位置时,内外触片都与短滑片接触,电动机被短路而停转。与此同时电枢由于惯性而产生感应电流,产生制动力矩,刮水器处于复回状态。

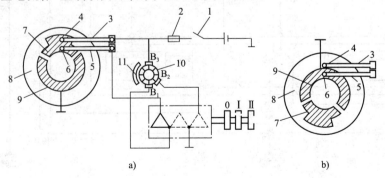

图 11-4　电动双速刮水器的自动复位装置
1-电源开关;2-熔断器;3、5-触点臂;4、6-触点;7、9-铜环;8-蜗轮;10-电枢;11-永久磁铁

二、雨量自动感应式刮水器（以凯越1.8L轿车为例）

凯越1.8L轿车的刮水器除了可手动操纵高、低速外，还有一个特殊功能，即只要将操作开关放在"AUTO"挡，就会自动开启刮水器并根据雨量的大小来控制刮水器的速度。

1. 系统构成

该系统由组合式刮水器开关、刮水器起动机控制模块、雨量传感器、喷水起动机、线束等部件构成。

2. 雨量传感器工作原理

雨量传感器安装在前风窗玻璃上，靠近内视镜，该传感器在"AUTO"挡时会发射出一束红外线，并以45°的角度投射到前风窗玻璃上。假如玻璃是干燥的，反射回到传感器的红外线就会很多；如果玻璃上有水的话，其发射的红外线就会被散射到其他地方。反射回到传感器的光线越少，说明雨水量越多，此时该传感器会根据反射光线的多少来自动控制刮水器的速度。

3. 自动控制电路分析（如图11-5所示）

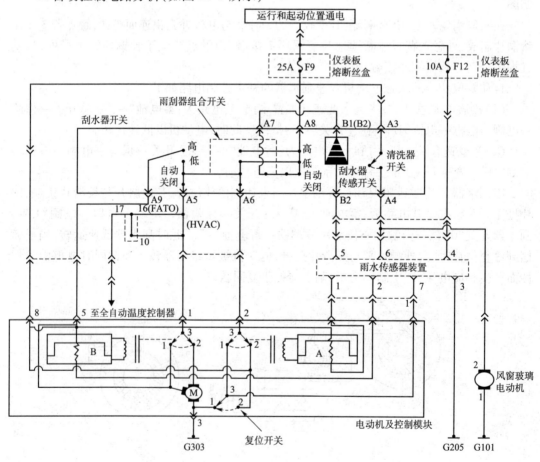

图11-5　雨量传感器电路图

（1）当刮水器开关位于手动高速挡时，电流路径为电源→刮水器组合开关A8→高→

A9→刮水器起动机控制模块 5 号脚→刮水器起动机高速运转脚→刮水器起动机控制模块 3 号脚→搭铁 G303,刮水器起动机高速运转。

(2)当刮水器开关位于手动低速挡时,电流路径为:电源→刮水器组合开关 A8→低→A5→刮水器起动机控制模块 1 号脚→B 继电器触点 3→B 继电器触点 2→刮水器起动机低速运转脚→刮水器起动机→刮水器起动机控制模块 3 号脚→搭铁 G3003,刮水器起动机低速运转。

(3)当刮水器开关位于自动挡时,电流路径为:电源→刮水器组合开关 A8→A7→Bl→刮水器传感器开关→B2→雨量传感器 5 号脚(该脚在最灵敏时为 12V 电压,在最不灵敏时为 6V 电压,是一个输入信号)。在此,刮水器起动机控制模块相当于两个控制继电器,为了便于说明电路,在此设为"A"和"B"两个继电器,A 继电器未工作时,1、3 接通;B 继电器未工作时,2、3 接通。

①当雨量传感器感知雨量不大时,雨水传感器 1 号脚搭铁,此时起动机控制模块内的继电器 A 工作,使触点 2、3 接通,刮水器低速运转,电流路径为:电源→刮水器起动机控制模块 8 号脚→A 继电器触点 2→A 继电器触点 3→刮水器起动机控制模块 2 号脚→A6 然后,通过开关→A5→刮水器起动机控制模块 1 号脚→B 继电器触点 3→B 继电器触点 2→刮水器起动机→搭铁 G303,使刮水器低速运转。

②当雨量传感器感知雨量大时,控制传感器 1 号和 2 号脚搭铁,使继电器 A、B 同时工作。此时起动机控制模块内的继电器 A 工作,使触点 2、3 接通,继电器 B 工作,使触点 1、3 接通,刮水器高速运转,电流路径为:电源→刮水器起动机控制模块 8 号脚→A 继电器触点 2→A 继电器触点 3→刮水器起动机控制模块 2 号脚→A6 通过开关→A5→刮水器起动机控制模块 1 号脚→B 继电器触点 3→B 继电器触点 1→刮水器起动机→搭铁 G303,使起动机高速运转。

③当喷水开关打开时,有 12V 的电压输入到雨量传感器 6 号脚,此时喷水起动机开始喷水,同时控制 1 号脚或 1 号和 2 号脚搭铁,使刮水器运转。

④当雨量传感器 1 号脚间歇控制搭铁时,刮水器起动机低速间歇运转。

(4)当刮水器开关位于关闭挡时,若刮水器臂没有到达最低位置,刮水器起动机带动复位开关触点 2 和触点 3 接通,使起动机继续运转,回到最低位置,电流路径为电源→刮水器起动机控制模块 8 号脚→复位开关触点 2→复位开关触点 3→A 继电器触点 1→A 继电器触点 3 →刮水器起动机控制模块 2 号脚→A6 →A5→刮水器起动机控制模块 1 号脚→B 继电器触点 3→B 继电器触点 2→刮水器起动机→搭铁 G303,使刮水器起动机运转。

(5)如果刮水器连续工作 60s 以上,此信号也提供给自动空调控制模块,空调在 AUTO 挡时,可自动除去前风挡玻璃上的雾。

(6)雨量传感器中的 7 号脚是由刮水器复位开关提供的一个 0~12V 的方波信号,用来检测刮水器的速度。

三、洗涤装置

洗涤装置一般由洗涤液罐、电动泵、水管和喷嘴等组成,如图 11-6 所示。其中电动泵由永磁式微型电动机离心式叶片水泵组成,水泵的叶片转子固定在水泵轴上,水泵轴用联轴节与清洗器电动机轴连接。出水软管用胶管分别与安装在风窗玻璃下面的四个喷嘴连接,其喷嘴的方向可以调节,使水喷射在风窗的合适位置。电动泵连续工作时间一般不超过1min,且应先开动电动泵,后开动刮水器。在喷水停止后,刮水器应继续刮3～5次,这样配合使用才能达到良好的洗涤效果。所以洗涤器的电路,一般都是与刮水器开关联合工作的。

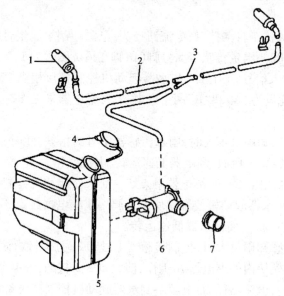

图 11-6　风窗玻璃洗涤器

1-喷嘴;2-输液管;3-接头;4-箱盖;5-储液罐;6-电动泵;7-衬垫

当电动机通电运转时,便将储液罐内的洗涤剂泵入出水软管,并经风窗玻璃前端的喷嘴喷向风窗玻璃。与此同时,刮水器同步工作,刮水片同时摆动,从而将风窗玻璃上的脏物刮除。

课题二　电动刮水器的线路连接与拆装

一、作业前的准备

1. 工具、设备和材料的准备

(1)套筒扳手、一字螺丝刀、十字螺丝刀、绝缘胶布。

(2)磁力护裙、转向盘护套、变速杆手柄套、脚垫和座位套。

(3)举升机。

(4)风窗玻璃刮水电机。

(5)卡罗拉轿车维修手册。

2. 作业前场地和车辆的准备

(1)汽车进入工位前,将工位清理干净,准备好相关的器材。

(2)将汽车停驻在举升机中央位置。

(3)拉紧驻车制动器操纵杆,并将变速杆置于空挡(N 挡)或驻车挡(P 挡)位置。

(4)套上转向盘护套、变速杆手柄套和座位套,铺设脚垫。

(5)粘贴翼子板和前脸磁力护裙。

二、电动刮水器电路的连接

下面以丰田卡罗拉轿车为例,说明刮水电机电路连接情况,其电路可参考图 11-7 所示。

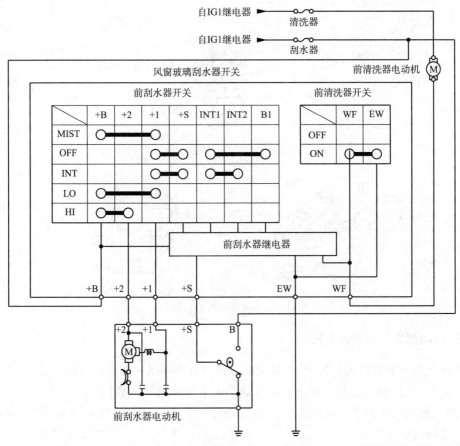

图 11-7 汽车电动刮水器控制电路图

(1)车辆点火开关置接通/运行位置,电流流经位于驾驶舱仪表板内侧仪表板接线盒中的 IG1 继电器(其位置如图 8-20 所示)。

(2)正常工作时,电流将流经相关熔断器如清洗器熔断器(WASHER 熔断器)、刮水器熔断器(WIPER 熔断器),他们的位置如图 11-8 所示。

(3)电流经过刮水器开关,此开关为刮水器与清洗器组合式开关,该开关具有 MIST、OFF、INT、LO、HI 五个挡,具体如图 11-9 所示。

(4)在 MIST、INT、LO、HI 不同的挡位下,电流经过刮水电机接线端子驱动电机旋转,具体端子连接如图 11-10 所示。

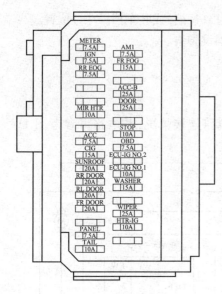
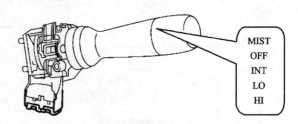

图 11-8 汽车仪表板接线盒　　　　　图 11-9 刮水器组合开关

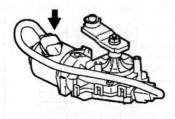
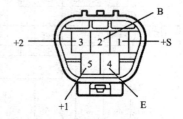

图 11-10 刮水器电机及接线端子

三、电动刮水电动机的更换

下面以丰田卡罗拉轿车为例,说明刮水电机及其摆杆机构的拆装过程。

（1）用一字螺丝刀翘起并拆下前刮水器臂 2 个端盖,如图 11-11 所示。

（2）用套筒扳手拆下相应两个紧固螺母,如图 11-12 所示,然后分别拿下左右两个前刮水器臂和刮水片总成。

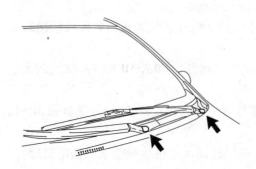
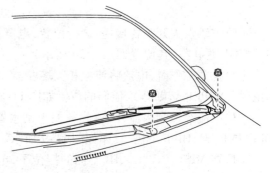

图 11-11 拆卸前刮水器臂 2 个端盖　　　　　图 11-12 拆卸前刮水器臂 2 个紧固螺钉

（3）在车内拉动发动机舱盖手柄,在车外打开并支撑发动机舱盖。

(4)用一字螺丝刀翘起并脱开7个卡子并拆下发动机罩至前围上板密封,如图11-13所示。

(5)用螺丝刀翘起并用手按压脱开卡子和14个卡爪,并拆下右前围板上通风栅板,如图11-14所示。

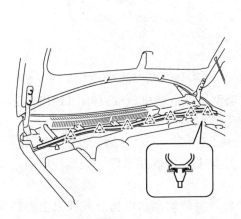

图11-13 拆卸发动机罩至前围上板密封　　图11-14 拆卸右前围板上通风栅板

(6)用螺丝刀翘起并用手按压脱开卡子和8个卡爪,并拆下左前围板上通风栅板,如图11-15所示。

(7)用手指按压脱开刮水器电动机线束连接器(如图11-16中1号箭头所指示的位置),并用套筒扳手拆卸风窗玻璃刮水器电动机及连杆总成,如图11-16中2、3号箭头指示的位置为紧固螺母,按照4号箭头指示的方向拆卸下刮水器电动机及连杆总成。

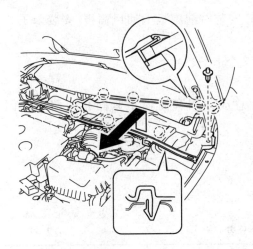
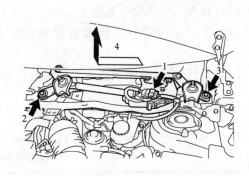

图11-15 拆卸左前围板上通风栅板　　图11-16 拆卸风窗玻璃刮水器电动机及连杆总成

(8)用头部缠有胶带的螺丝刀从风窗玻璃刮水器电动机总成的曲柄臂枢轴上断开风窗玻璃刮水器连杆,如图11-17所示。

(9)在风窗玻璃刮水电机总成线束上拆下绝缘胶布,以便断开连接器,如图11-18所示。

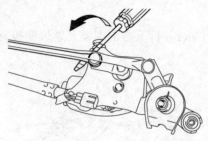

图11-17 拆卸风窗玻璃刮水器连杆

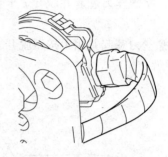

图11-18 去除风窗玻璃刮水电机总成线束上绝缘胶布

（10）断开连接器后拆下3颗螺栓和风窗玻璃刮水器电动机总成，如图11-19所示。

◆小提示：如果不能从风窗玻璃刮水器连杆总成上拆下风窗玻璃刮水器电机总成，则转动曲柄臂以便能拆下风窗玻璃刮水器电动机总成。

（11）将完好的刮水器总成安装好固定螺栓，连接上连接器并紧固3颗螺栓以固定风窗玻璃刮水器电动机总成。

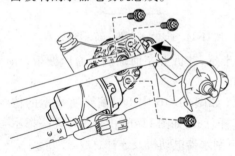

图11-19 拆卸风窗玻璃刮水器电机总成

（12）将风窗玻璃刮水电机总成线束上缠绕绝缘胶布。

（13）将风窗玻璃刮水器连杆与风窗玻璃刮水器电动机总成的曲柄臂枢轴连接。

（14）用套筒扳手紧固风窗玻璃刮水器电动机及连杆总成，连接刮水器电动机线束连接器。

（15）安装左前围板上通风栅板，安装卡子和8个卡爪。

（16）安装右前围板上通风栅板，安装卡子和14个卡爪。

（17）安装发动机罩至前围上板密封并安装7个卡子。

（18）在车外关闭发动机舱盖。

（19）安装左右两个前刮水器臂和刮水片总成并用套筒扳手紧固相应两个紧固螺母。

（20）最后，安装前刮水器臂2个端盖。

四、评价与反馈

1．对学习任务进行评价，如表11-1所示。

学习任务评分表　　　　　　　　　表11-1

考核项目	评分标准	分数	学生自评	小组互评	教师评价	小 计
团队合作	是否和谐	5				
活动参与	是否积极主动	5				
安全生产	有无安全隐患	10				

项目十一 电动刮水器的结构与拆装

续上表

考核项目	评分标准	分数	学生自评	小组互评	教师评价	小 计
现场5S	是否做到	10				
任务方案	是否正确、合理	15				
操作过程	前刮水器电路各部件的查找与连接；拆卸前刮水器电动机；安装前刮水器电动机及其总成；	30				
任务完成情况	是否圆满完成	5				
工具和设备使用	是否规范、标准	10				
劳动纪律	是否能严格遵守	5				
工单填写	是否完整、规范	5				
	总分	100				
教师签写：		年 月 日			得分	

2. 能否向顾客提出正确使用汽车前风窗玻璃刮水器的建议？

拓展学习——前刮水器刮片总成的更换

由于刮水器刮片为橡胶材料容易老化变质，属于耗损。因此，刮水器刮片的更换是维修工作中较为常见的工作，下面我们以卡罗拉轿车前刮水片的更换为例，介绍此项工作的操作过程。

（1）抬起前刮水器刮臂，以方便后续的操作。

（2）脱开刮水片与刮臂连接处保护盖，并用用头部缠有胶带的螺丝刀翘起刮水片固定架如图11-20所示，即可拿下刮水片总成。

◇小提示：拆下前刮水器刮水片后，不要弯曲前刮水器臂，因为刮水器臂的端部可能损坏风窗玻璃表面。

（3）脱开新的刮水片与刮臂连接处保护盖，将刮水片总成与刮臂连接，具体如图11-21所示。

（4）卡紧前刮水器刮水片的固定架并盖好新的刮水片与刮臂连接处保护盖。另一只刮片总成可以按照此方法继续。

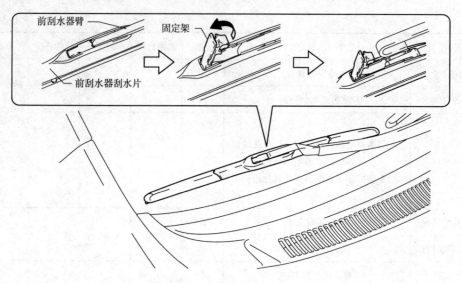

图 11-20 拆卸刮水片总成

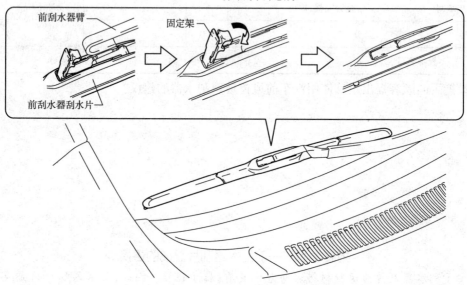

图 11-21 刮水片总成的更换

项目十二　电动门锁的结构与拆装

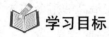
学习目标

完成本项目学习后,你应能:
1. 知道各种常见通用维修工具的使用及注意事项;
2. 知道汽车电动门锁基本结构与工作原理;
3. 正确操作电动门锁拆装过程;

建议课时:6课时

课题一　电动门锁的结构与工作原理

门锁是锁止车门的机构,是保证汽车行驶安全的一项重要措施。门锁的一般要求是门锁不仅能将车门可靠锁紧或打开,而且要求门锁在锁止位置时,操纵内外手柄均不能打开车门。目前,为了提高汽车使用的安全性、方便性,现代轿车大多安装电动门锁。

一、电动门锁的功能

1. 中央控制

能对车门及行李舱锁进行集中控制。当驾驶人对驾驶人侧车门进行控制(锁门、开门)时,汽车所有的门锁及行李舱锁能同时实现相同的控制效果。

2. 速度控制

当车速到达一定值时,各个车门能自动锁定,防止乘员误操作车内门把手而导致车门被打开。

3. 单独控制

在除驾驶人侧车门外的三个门设置有单独的弹簧锁开关,中控门锁系统不工作时,乘客仍可使用各车门的机械锁扣来开关车门。

实践与体验:在实际轿车上对中控门锁的各种功能进行操作。

二、中控门锁的组成

目前,中控门锁的种类繁多,但主要是由门锁开关、门锁控制器及门锁执行机构等部件组成。

1. 门锁开关

这里门锁开关是指中央门锁开关,对中央控制电动门锁系统执行集中控制,开或关全部或单个车门。门锁的开关种类很多。常见的有机械式门锁开关和电子式门锁开关两种。机械式通常采用键盘输入方式或拨盘输入方式,其操作方便、工作可靠,但因有机械触点,容易产生烧蚀,需经常进行维护。电子式又可分为触摸输入方式和遥控输入方式,其中遥控输入方式的联络信号可以是声、光、电、磁中任何一种,这种门锁开关实际由电子指令发射器和指令接收器组成。最近,还有生物特征式门锁开关,以车主的声、纹等人体特征作为指令输入,由计算机进行模式识读控制门锁,是当前智能化程度最高的指令输入方式。

2. 门锁执行机构

门锁执行机构是在门锁控制电路的控制及驱动下,执行门锁的锁定及开启任务。门锁执行机构一般采用电磁或电动机驱动门锁锁扣作可逆移动,实现门锁的锁定及开启。

(1)电磁式门锁执行机构。图 12-1 所示为电磁式门锁执行机构示意图,它有两个电磁线圈,一个是锁门线圈,另一个是开锁线圈。当锁门线圈通电时,衔铁带动连杆左移,即锁门;当开锁线圈通电时,衔铁带动连杆右移,即开锁。

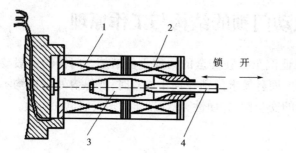
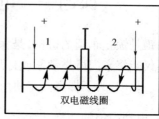

图 12-1 电磁式门锁执行机构
1-锁门线圈;2-开锁线圈;3-衔铁;4-锁扣连接

电磁式门锁执行机构的优点是结构简单、内部摩擦力小、动作敏捷、操作方便;缺点是耗电量大、铁芯质量大且衔铁移动时有冲击声。

(2)电动式门锁执行机构。图 12-2 所示为电动机式门锁执行机构示意图,其由微型可逆直流电动机、齿轮齿条传动机构等组成。当电动机通电正转时,带动齿条连杆左移锁定即锁门;当电动机通电反转时,带动齿条连杆右移开启即开锁。

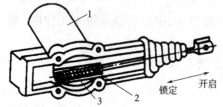

图 12-2 电动机式门锁执行机构
1-电动机;2-齿条;3-齿轮

电动机式门锁执行机构的优点是体积小、耗电少、动作迅速;不足之处是当门锁已经锁定或开启时,应及时切断电源,避免电动机长时间带电而烧毁。

(3)门锁控制器。不论是电磁式门锁执行机构,还是电机式门锁执行机构,都是通过改变执行机构的通电电流方向来控制锁扣连杆左、右移动,实现门锁的锁定或开启,而上述功能是由门锁控制器来完成的,因而门锁执行器应具有控制执行机构通电电流方向的功能。同时,由于门锁执行机构长期带电,易损坏且要消耗较大的电能,为了保护电气元件、节省电能,门锁控制器还应具有定时功能;即当锁扣连杆移到位、门锁已锁定或开启时、控制执行机构的通电电流应自动中断。

三、丰田卡罗拉轿车电动门锁的工作情况

丰田卡罗拉轿车电动门锁系统是带有遥控门锁控制系统,其主要组成如图12-3所示,其主要组成零部件的功能如表12-1所示。此系统由主车身电脑控制各个总成。遥控门锁控制系统的作用是从远处锁止和解锁所有车门。该系统由手持式发射器控制,手持式发射器向车门控制接收器发送无线电波。主车身ECU执行识读码识读处理并接合门锁控制。可以锁止/解锁所有车门。操作请求信号将传至主车身ECU(仪表板接线盒)。然后,主车身ECU(仪表板接线盒)向每个门锁电动机发送这些请求信号,并对输入立即做出响应,从而锁止/解锁所有车门,其每个门门锁所在位置如图12-4所示。此外,使用机械钥匙操作驾驶人侧门锁,也可以向主车身ECU(仪表板接线盒)发送锁止/解锁车门的请求信号从而锁止/解锁所有车门。车门控制发射器(如图12-5所示)带有锁止和解锁开关。操作这些开关,遥控门锁控制系统具有表12-2所示的功能。

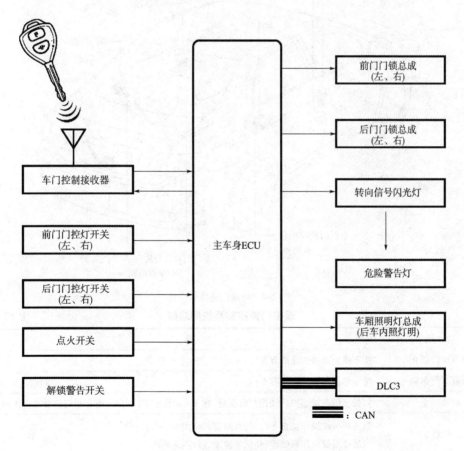

图12-3 遥控电动门锁控制系统图

遥控门锁控制系统主要零件功能 表 12-1

主要零部件	功 能
车门控制发射器	有锁止和解锁开关；向车门控制接收器发送弱无线电波（识读码和功能代码）；在发送过程中点亮指示灯（LED）
车门控制接收器	接收弱无线电波（识读码和功能代码），并将其作为代码数据输出到主车身 ECU
• 前门门控灯开关 • 后门门控灯开关 • 行李舱门控灯开关	当车门打开时接通，当车门关闭时断开。将车门状态代码（打开或关闭）输出至主车身 ECU
解锁警告开关	检测钥匙是否插入点火锁芯中
门锁位置开关	将各车门的门锁位置发送至主车身 ECU
主车身 ECU	响应来自车门控制接收器的代码数据和来自各个开关的信号，发送遥控门锁控制信号

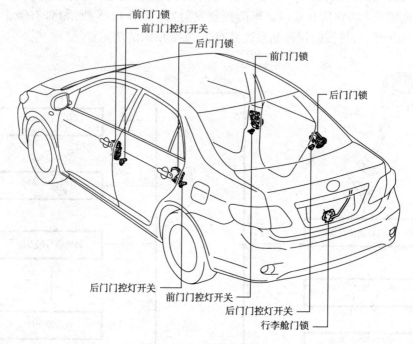

图 12-4 电动门锁机构位置

遥控门锁控制系统的功能 表 12-2

功 能	操 作
所有车门锁止	按下锁止开关锁止所有车门
所有车门解锁	按下解锁开关解锁所有车门
自动锁止	如果车门通过遥控门锁控制解锁后，在 30s 内没有车门打开，所有车门将自动再次锁止
应答	当通过遥控操作锁止车门时，危险警告灯闪烁一次； 当通过遥控操作解锁车门时，危险警告灯闪烁两次
上车照明	当所有车门锁止时，按下解锁开关导致车内照明灯随解锁操作同步亮起

续上表

功　能	操　作
自诊断模式	以下是进入自诊断模式的方式： 系统在诊断模式下时，如果车门控制接收器从车门控制发射器处接收到正常的无线电波，它使车内照明灯以对应各个开关功能的正常方式闪烁； 使用智能检测仪读取 DTC
发射器识读码注册	能将6类发射的识读码注册到车门控制器包含的 EEPROM 中（写入和存储）

车门控制接收器接收此无线电波后，将此信号发送给主车身 ECU，主车身 ECU 执行识读码识读处理，在认定为"合法"的情况下驱动电机执行"锁止/解锁"动作。

遥控发射器的工作范围因具体情况的不同而有所不同，具体有：

(1)因用户、握住发射器的方式及位置的不同而不同。

(2)在某些区域，由于车身形状和周围环境的影响，工作范围将会减小。

(3)由于发射器使用弱信号电波，如果在发射器使用的区域内出现干扰信号或强信号电波，则工作范围将会减小或发射器可能不工作。

(4)电池电量低时，工作范围会减小，发射器也有可能不工作。

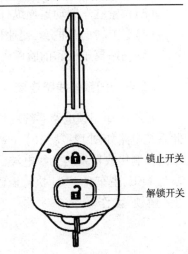

图12-5　车门控制发射器

◇小提示：如果发射器处于阳光直射下（如仪表板上），则会使电池电量变小，或会引发其他故障。

所谓"合法"是指：遥控车门"锁止/解锁"的功能仅在以下4个条件都满足时，该遥控门锁控制功能才可工作：

(1)点火锁芯中无钥匙。

(2)所有车门均关闭。

(3)电动门锁系统工作正常。

(4)此功能没有因定制而被禁用。

◇小提示：即使在有任何车门打开的情况下，"解锁"功能仍可运行。

课题二　遥控电动门锁的线路连接及拆装

一、作业前的准备

1. 工具、设备和材料的准备

(1)世达工具(120套装)、"TORX"十字螺丝刀(T25)、"TORX"十字螺丝刀(T30)、绝缘胶布。

(2)磁力护裙、转向盘护套、变速杆手柄套、脚垫和座位套。

(3)举升机。

(4)前门锁电机总成。

(5)卡罗拉轿车维修手册。

2. 作业前场地和车辆的准备

(1)汽车进入工位前,将工位清理干净,准备好相关的器材。

(2)将汽车停驻在举升机中央位置。

(3)拉紧驻车制动器操纵杆,并将变速杆置于空挡(N挡)或驻车挡(P挡)位置。

(4)套上转向盘护套、变速杆手柄套和座位套,铺设脚垫。

(5)粘贴翼子板和前脸磁力护裙。

二、电动门锁的线路连接

遥控电动门锁电路系统的控制是由主车身ECU控制(位置如图12-6所示)整个系统,此系统电路如图12-7a)、b)、c)、d)所示。该系统由手持式发射器控制,手持式发射器向车门控制接收器发送无线电波。车门控制接收器接收此无线电波后,将此信号发送给主车身ECU,主车身ECU执行识读码识读处理,在认定为"合法"的情况下驱动电机执行"锁止/解锁"动作。

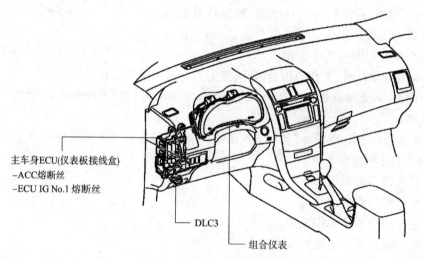

图12-6 主车身ECU的位置

车门锁控制电路电源在点火开关打开时,IG1继电器接通,从而电流流经熔断器、锁止电动机等,其熔断器位置如图8-20、图11-8所示。

车门锁控制电路通过线束与主车身ECU相连,其接线端子如图12-8所示。

三、门锁的更换

下面我们以卡罗拉前门车门门锁的更换为例,进行门锁总成的更换。

如图12-9、图12-10所示左前门的零部件相对位置关系。拆装顺序如下:

项目十二 电动门锁的结构与拆装

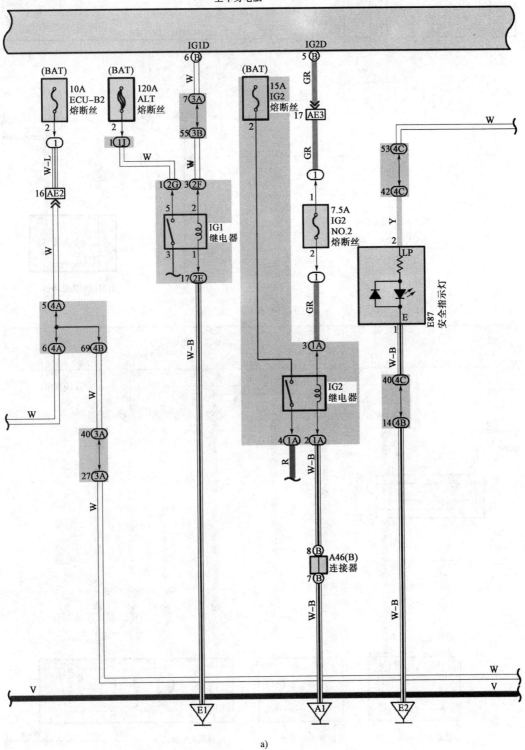

a)

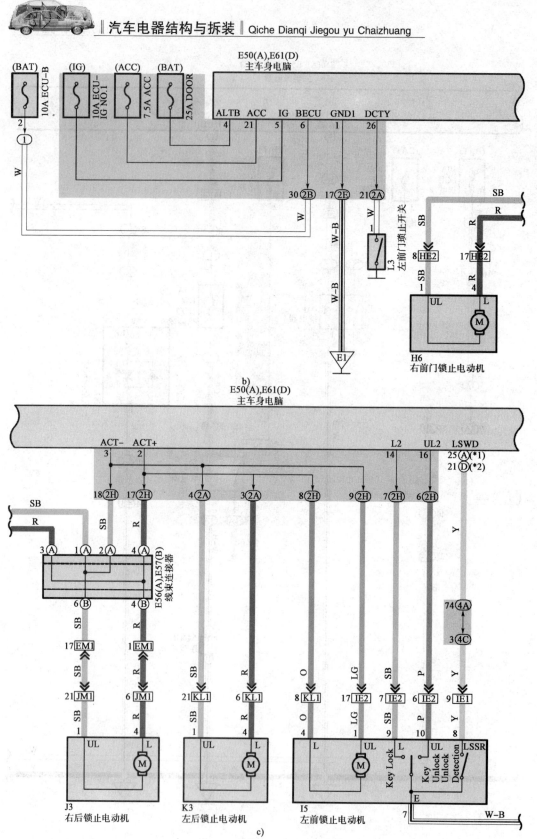

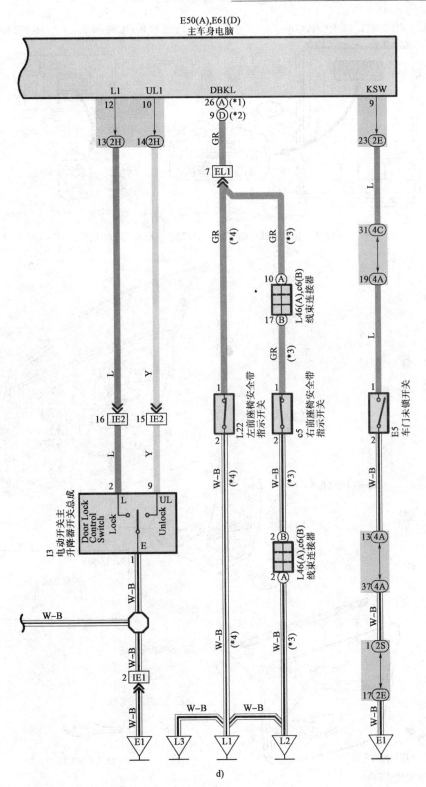

图 12-7 遥控门锁控制系统

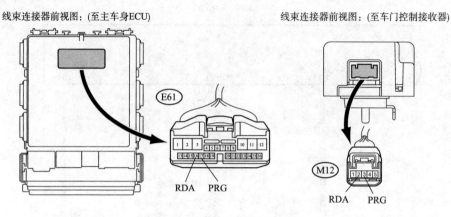

图 12-8　主车身 ECU 端子与车门控制接收器端子线束连接

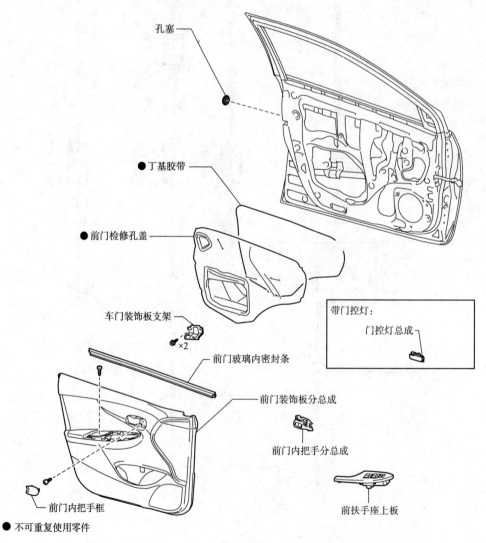

图 12-9　卡罗拉轿车左前门零件位置图

项目十二 电动门锁的结构与拆装

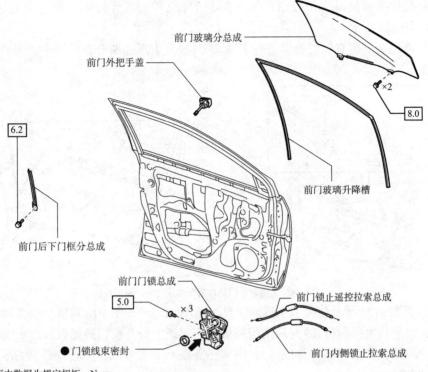

图 12-10 卡罗拉轿车左前门零件位置图

（1）从蓄电池负极端子断开电缆。

◇**小提示**：断开蓄电池电缆后重新连接时，某些系统需要初始化。

（2）使用头部缠有保护胶带的螺丝刀，脱开 3 个卡爪并拆下前门内把手框，如图 9-21 所示。

（3）使用头部缠有保护胶带的螺丝刀如图 9-22 所示，脱开 2 个卡子和 6 个卡爪，拆下前扶手座上板，并断开连接器。

（4）使用十字螺丝刀拆下 3 个螺钉和电动车窗升降器主开关总成，如图 12-11 所示。

（5）使用头部缠有保护胶带的一字螺丝刀，脱开 2 个卡爪并拆下电动车窗升降器开关总成，如图 12-12 所示。

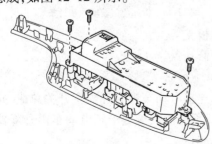

图 12-11 拆卸电动车窗升降器主开关总成

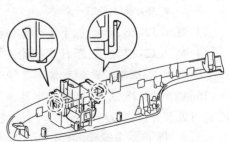

图 12-12 拆卸电动车窗升降器开关总成

(6) 使用头部缠有保护胶带的一字螺丝刀,脱开卡爪并拆下门控灯总成(如果有配置),如图9-23所示。

(7) 使用头部缠有保护胶带的一字螺丝刀,脱开卡爪并断开车门扶手盖并拆下2个螺钉,如图12-13所示。

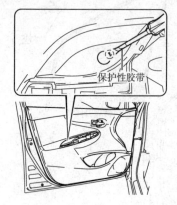 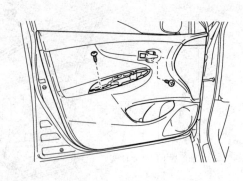

图12-13　拆卸前门装饰板分总成之外层紧固连接

(8) 如图9-26所示使用卡子拆卸工具,脱开9个卡子(图中圆圈所示位置)然后脱开5个卡爪(图中三角所示位置)并从前门玻璃内密封条上分开前门装饰板分总成。

(9) 脱开前门装饰板分总成时,其内部还需脱开2个卡爪,并断开前门内把手分总成,如图9-27所示。

(10) 断开前门锁止遥控拉索和前门内侧锁止拉索,并拆下前门内把手分总成,如图12-14所示。

(11) 脱开卡子和卡夹以拆下前门下门框支架装饰条并断开连接器,如图9-29所示。

(12) 从前门板上拆下前门玻璃内密封条,如图12-15所示。

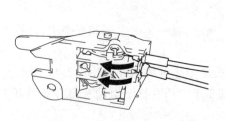 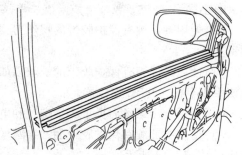

图12-14　拆卸前门内把手分总成　　　图12-15　拆卸前门玻璃内密封条

(13) 如图12-16所示,拆下2个螺钉和车门装饰板支架。

(14) 如图12-17所示,断开连接器并拆下前门检修孔盖。

◇小提示：去除车门上的残留丁基胶带。

(15) 如图12-18所示,连接蓄电池负极端子然后连接电动车窗升降器主开关总成,并移动前门玻璃分总成以便能看到车门玻璃螺栓。断开蓄电池负极端子和电动车窗升降器主开关总成,拆下2个螺栓,最后,拆下前门玻璃分总成。

◇小提示：拆下螺栓后,车门玻璃可能掉落,造成损坏。

项目十二 电动门锁的结构与拆装

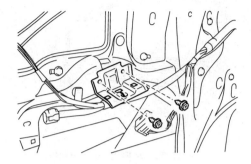

图 12-16 拆卸车门装饰板支架

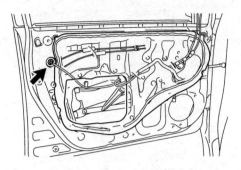

图 12-17 拆卸前门检修孔盖

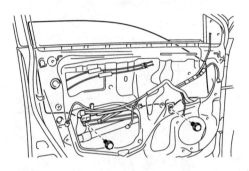

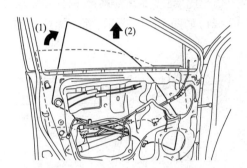

图 12-18 拆卸前门玻璃分总成

（16）如图 12-19 所示，断开连接器，松开临时螺栓，拆下 5 个螺栓，将前门窗升降器分总成和前电动车窗升降器电动机总成作为一个单元拆下，从前门窗升降器分总成上拆下临时螺栓。

◇**小提示**：不要拆下临时螺栓。如果拆下临时螺栓，前门窗升降器可能掉落，造成损坏。

（17）如图 12-20 所示，用"TORX"十字螺丝刀（T25），拆下 3 个螺钉和前电动车窗升降器电动机总成。

（18）如图 12-21 所示，使用套筒扳手拆下螺栓并拆下导管和前门 2 号加强垫。

（19）如图 12-22 所示，拆下前门玻璃升降槽。

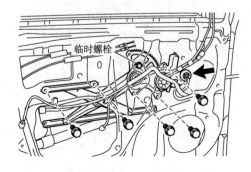

图 12-19 拆卸前门窗升降器分总成

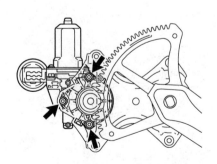

图 12-20 拆卸前电动车窗升降器电动机总成

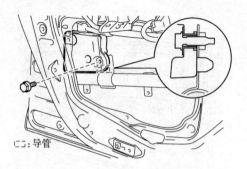

图 12-21 拆卸前门 2 号加强垫

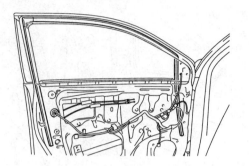

图 12-22 拆下前门玻璃升降槽

（20）如图 12-23 所示，脱开卡子并拆下门框装饰条。

◇小提示：需要更换新的卡子，因为在拆下门框装饰条时卡子会损坏。

（21）如图 12-24 所示，拆下螺栓和前门后下门框分总成。

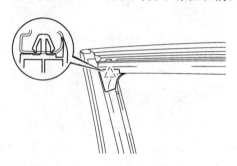

图 12-23 拆卸门框装饰条

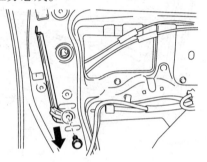

图 12-24 拆卸前门后下门框分总成

（22）如图 12-25 所示，用"TORX"梅花套筒扳手（T30）松开螺钉，然后将前门外把手盖和车门锁芯作为一个单元拆下。

◇小提示：由于螺钉与前门外把手框分总成集成为一体，不能将其拆下。

（23）如图 12-26 所示，用"TORX"梅花套筒扳手（T30）拆下 3 个螺钉，然后向下滑动前门门锁总成，并将前门锁开启杆从外把手框中拉出，然后将前门门锁总成和拉索作为一个单元拆下，而后将前门锁开启杆从前门门锁总成上拆下，最后将门锁线束密封从前门门锁总成上拆下。

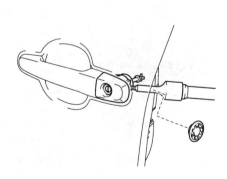

图 12-25 拆卸前门外把手盖

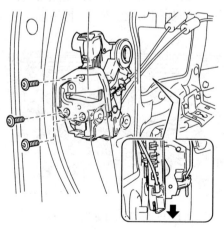

图 12-26 拆卸前门门锁总成

(24)在前门门锁总成上安装门锁线束密封,将完好的前门门锁总成和相应的拉锁连接,然后向上滑动前门门锁总成,用"TORX"梅花套筒扳手(T30)紧固3个螺钉。

(25)安装前门外把手盖和车门锁芯,同时用"TORX"梅花套筒扳手(T30)紧固螺钉。

(26)安装螺栓和前门后下门框分总成。

(27)安装卡子并安装门框装饰条。

(28)安装前门玻璃升降槽。

(29)使用套筒扳手紧固螺栓并安装导管和前门2号加强垫。

(30)用"TORX"十字螺丝刀(T25),紧固3个螺钉和前电动车窗升降器电动机总成。

(31)将前门窗升降器分总成和前电动车窗升降器电动机总成作为一个单元安装,然后连接上连接器,并紧固5个螺栓。

(32)安装前门玻璃分总成并紧固2个螺栓,然后连接上蓄电池负极端子和电动车窗升降器主开关总成。

(33)安装前门检修孔盖并连接上连接器。

(34)紧固2个螺钉和车门装饰板支架。

(35)在前门板上安装前门玻璃内密封条。

(36)连接上连接器并安装上前门下门框支架装饰条,然后安装卡子和卡夹。

(37)连接前门锁止遥控拉索和前门内侧锁止拉索,并安装前门内把手分总成。

(38)安装前门装饰板分总成时,其内部还需紧固2个卡爪。

(39)安装5个卡爪并紧固9个卡子。

(40)安装卡爪并连接车门扶手盖并紧固2个螺钉。

(41)安装卡爪并紧固门控灯总成(如果有配置)。

(42)安装电动车窗升降器开关总成并紧固2个卡爪。

(43)使用十字螺丝刀安装3个螺钉和电动车窗升降器主开关总成。

(44)安装前扶手座上板并连接上连接器,然后紧固2个卡子和6个卡爪。

(45)安装前门内把手框并紧固3个卡爪。

(46)将蓄电池负极端子连接上电缆。

四、评价与反馈

1. 对学习任务进行评价,如表12-3所示。

学习任务评分表　　　　　　　　　　　　表12-3

考核项目	评分标准	分数	学生自评	小组互评	教师评价	小　计
团队合作	是否和谐	5				
活动参与	是否积极主动	5				
安全生产	有无安全隐患	10				
现场5S	是否做到	10				
任务方案	是否正确、合理	15				

续上表

考核项目	评分标准	分数	学生自评	小组互评	教师评价	小计
操作过程	遥控门锁控制电路各部件的查找与连接； 拆卸左前门锁电机； 安装左前门锁电机及其总成；	30				
任务完成情况	是否圆满完成	5				
工具和设备使用	是否规范、标准	10				
劳动纪律	是否能严格遵守	5				
工单填写	是否完整、规范	5				
总分		100				
教师签写：			年　月　日		得分	

2. 能否向顾客提出正确使用遥控门锁控制系统的建议？

项目十三　电动车窗电动机的结构与拆装

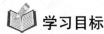

学习目标

完成本项目学习后,你应能:
1. 知道汽车电动车窗基本结构与工作原理;
2. 正确操作电动车窗电机总成拆装过程;
3. 知道电动车窗电机总成拆装过程的注意事项;

建议课时:6课时

课题一　电动车窗的结构与工作原理

一、电动车窗的结构和工作情况

电动车窗一般由电动机、减速装置、车窗、车窗升降器、开关等组成。

有些汽车上的电动车窗由电动机直接作用于升降器,而有些则是通过驱动机构作用于升降器,从而把电动机的转动转化成为车窗的上下移动。

车窗升降器的两种形式。一种是用齿扇来实现换向作用,如图13-1所示。齿扇上连有螺旋弹簧。当车窗上升时,弹簧张开,能量被释放,帮助电动机做功;当车窗下降时,弹簧被压,吸收能量,从而使车窗无论上升还是下降,电机的负荷基本相同。另一种换向器是使用柔性齿条和小齿轮,车窗连在齿条的一端,电动机带动轴端小齿轮转动,使齿条移动,以带动车窗升降。其结构如图13-2所示。

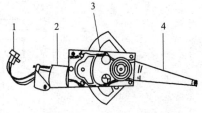

图13-1　电动车窗齿扇式升降器图
1-电缆接头;2-电动机;3-齿扇;4-推力杆

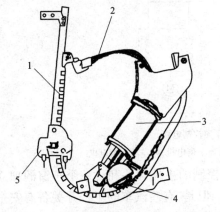

图13-2　电动车窗齿条式升降器
1-齿条;2-电缆接头;3-电动机;4-小齿轮;5-定位架

二、基本工作原理

不同汽车所采用的电动车窗的控制电路不同,按电动机是否直接搭铁可分为电动机不搭铁和电动机搭铁两种。

电动机不搭铁的控制电路是指电动机不直接搭铁,电动机的搭铁受开关控制,通过改变电动机的电流方向来改变电动机的转向,从而实现车窗的升降,控制电路如图 13-3 所示。

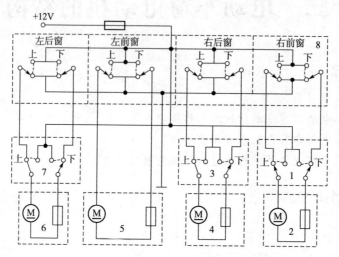

图 13-3　电动机不搭铁的电动车窗控制电路
1-右前车窗开关;2-右前车窗电机;3-右后车窗开关;4-右后车窗电机;5-左前车窗电机;6-左后车窗电机;7-左前车窗开关;8-驾驶人主控开关组件

电动机搭铁的控制电路是指电动机一端直接搭铁,而电动机有两组磁场绕组,通过接通不同的磁场绕组,使电动机的转向不同,实现车窗的升降,控制电路如图 13-4 所示。

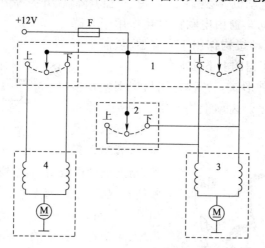

图 13-4　电动机搭铁的电动车窗控制电路
1-驾驶人主控开关组件;2-右前车窗开关;3-右前车窗电机;4-左前车窗电机

电动车窗控制电路中,一般都设有驾驶人集中控制的主控开关和每一个车窗的独立操作开关,每个车窗的操作开关可由乘客自己操作。但是,有些汽车的主控开关备有安全开关,可以切断其他各车窗的电源,使每个车窗的操作开关不起作用,这个开关只能由驾驶人一人操作。

课题二　电动车窗的线路连接与电动机总成拆装

一、作业前的准备

1. 工具、设备和材料的准备
(1) 套筒扳手、十字螺丝刀（T25）、绝缘胶布。
(2) 磁力护裙、转向盘护套、变速杆手柄套、脚垫和座位套。
(3) 举升机。
(4) 前电动车窗升降器电动机总成。
(5) 卡罗拉轿车维修手册。

2. 作业前场地和车辆的准备
(1) 汽车进入工位前，将工位清理干净，准备好相关的器材。
(2) 将汽车停驻在举升机中央位置。
(3) 拉紧驻车制动器操纵杆，并将变速杆置于空挡（N 挡）或驻车挡（P 挡）位置。
(4) 套上转向盘护套、变速杆手柄套和座位套，铺设脚垫。
(5) 粘贴翼子板和前脸磁力护裙。

二、电动车窗的线路连接

电动车窗控制系统使用电动车窗升降器电动机来控制电动车窗操作。卡罗拉轿车电动车窗系统主要的控制装置包括：电动车窗主开关（安装在驾驶人侧车门上）和电动车窗开关（安装在乘客侧车门和后门上），其组成部件相对位置如图 13-5 所示。操作电动车窗开关后，相应的电动车窗升降器电动机随即通电。该系统控制原理图如图 13-6 所示。

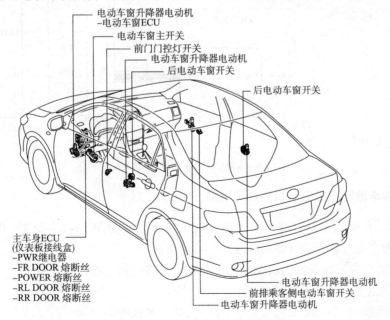

图 13-5　卡罗拉轿车电动车窗系统位置

根据图 8-20、图 11-8 所示可以确定系统电源供给相关的熔断器和继电器,而后电流流入电动车窗主开关,从而分向前后左右四个车窗电动机。当然主车身电脑在得到相应请求信号后可以进行如:防夹功能、遥控功能等。

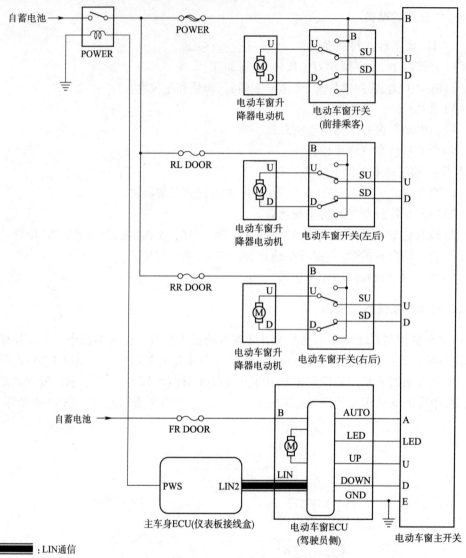

图 13-6　卡罗拉轿车电动车窗电路系统图

三、电动车窗升降器电动机总成的更换

卡罗拉轿车电动车窗升降器电动机总成的基本组成如图 13-7～图 13-10 所示。在此,我们仅做左前电动车窗升降器电动机总成的更换。

左前电动车窗升降器电动机总成的更换我们将按照如下顺序进行:

(1) 从蓄电池负极端子断开电缆。

◎小提示:断开蓄电池电缆后重新连接时,某些系统需要初始化。

项目十三　电动车窗电动机的结构与拆装

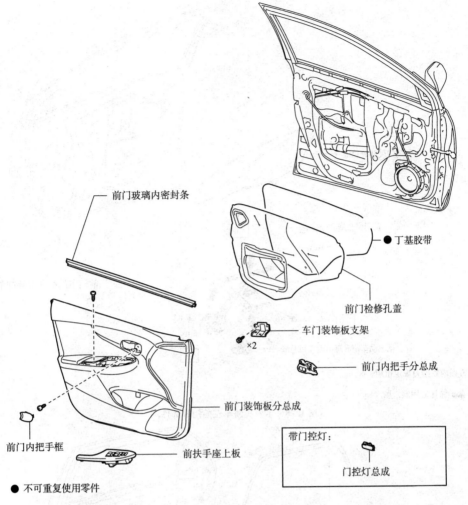

图 13-7　卡罗拉轿车左前门零部件图

（2）使用头部缠有保护胶带的螺丝刀,脱开 3 个卡爪并拆下前门内把手框,如图 9-21 所示。

（3）使用头部缠有保护胶带的螺丝刀如图 9-22 所示,脱开 2 个卡子和 6 个卡爪,拆下前扶手座上板,并断开连接器。

（4）使用十字螺丝刀拆下 3 颗螺钉和电动车窗升降器主开关总成,如图 13-11 所示。

（5）使用头部缠有保护胶带的一字螺丝刀,脱开 2 个卡爪并拆下电动车窗升降器开关总成,如图 13-12 所示。

（6）使用头部缠有保护胶带的一字螺丝刀,脱开卡爪并拆下门控灯总成（如果有配置）,如图 9-23 所示。

（7）使用头部缠有保护胶带的一字螺丝刀,脱开卡爪并断开车门扶手盖并拆下 2 颗螺钉,如图 12-13 所示。

（8）如图 9-26 所示使用卡子拆卸工具,脱开 9 个卡子（图中圆圈所示位置）然后脱开 5 个卡爪（图中三角所示位置）并从前门玻璃内密封条上分开前门装饰板分总成。

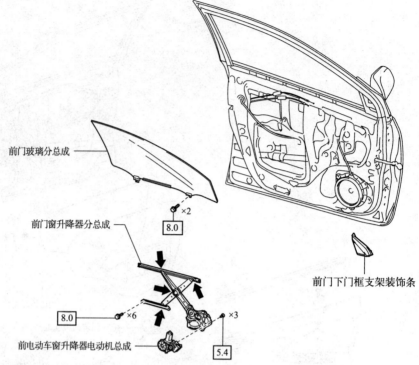

图13-8 卡罗拉轿车左前门零部件图

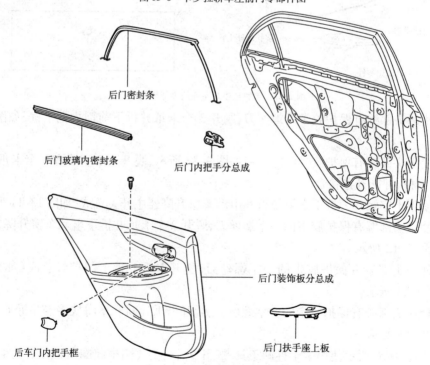

图13-9 卡罗拉轿车左后门零部件图

项目十三 电动车窗电动机的结构与拆装

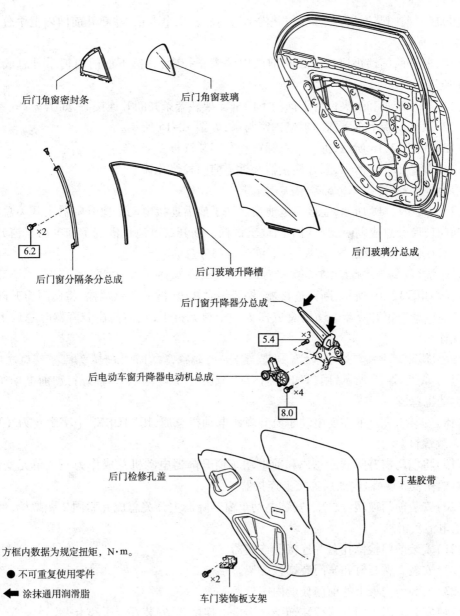

图 13-10 卡罗拉轿车左后门零部件图

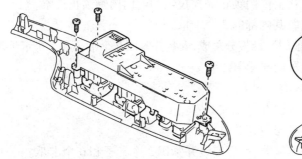

图 13-11 拆卸电动车窗升降器主开关总成

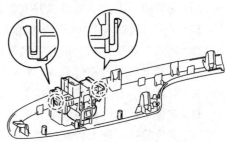

图 13-12 拆卸电动车窗升降器开关总成

（9）脱开前门装饰板分总成时，其内部还需脱开 2 个卡爪，并断开前门内把手分总成，如图 9-27 所示。

（10）断开前门锁止遥控拉索和前门内侧锁止拉索，并拆下前门内把手分总成，如图 12-14 所示。

（11）脱开卡子和卡夹以拆下前门下门框支架装饰条并断开连接器，如图 9-29 所示。

（12）从前门板上拆下前门玻璃内密封条，如图 12-15 所示。

（13）如图 12-16 所示，拆下 2 颗螺钉和车门装饰板支架。

（14）如图 12-17 所示，断开连接器并拆下前门检修孔盖。

◆ 小提示：去除车门上的残留丁基胶带。

（15）如图 12-18 所示，连接蓄电池负极端子然后连接电动车窗升降器主开关总成，并移动前门玻璃分总成以便能看到车门玻璃螺栓。断开蓄电池负极端子和电动车窗升降器主开关总成，拆下 2 颗螺栓，最后，拆下前门玻璃分总成。

◆ 小提示：拆下螺栓后，车门玻璃可能掉落，造成损坏。

（16）如图 12-19 所示，断开连接器，松开临时螺栓，拆下 5 颗螺栓，将前门窗升降器分总成和前电动车窗升降器电动机总成作为一个单元拆下，从前门窗升降器分总成上拆下临时螺栓。

◆ 小提示：不要拆下临时螺栓。如果拆下临时螺栓，前门窗升降器可能掉落，造成损坏。

（17）如图 12-20 所示，用"TORX"十字螺丝刀（T25），拆下 3 颗螺钉和前电动车窗升降器电动机总成。

（18）安装上完好的左前电动车窗升降器电动机总成，用"TORX"十字螺丝刀（T25），紧固 3 颗螺钉。

（19）将前门窗升降器分总成和前电动车窗升降器电动机总成作为一个单元安装，紧固临时螺栓及 5 颗螺栓，然后连接上连接器。

（20）安装前门玻璃分总成，安装电动车窗升降器主开关总成并紧固 2 颗螺栓，然后连接上蓄电池负极端子。

（21）安装前门检修孔盖并连接上连接器。

（22）安装 2 颗螺钉和车门装饰板支架。

（23）安装前门板上的前门玻璃内密封条。

（24）安装前门下门框支架装饰条并连接上连接器，安装好卡子和卡夹。

（25）安装前门内把手分总成并连接上前门锁止遥控拉索和前门内侧锁止拉索。

（26）安装前门内把手分总成并安装其内部的 2 个卡爪。

（27）在前门玻璃内密封条上安装前门装饰板分总成，安装并紧固 9 个卡子和 5 个卡爪。

（28）紧固 2 颗螺钉和卡爪并安装车门扶手盖。

（29）安装卡爪和门控灯总成（如果有配置）。

（30）安装 2 个卡爪和电动车窗升降器开关总成。

（31）安装 3 颗螺钉和电动车窗升降器主开关总成。

（32）安装前扶手座上板并连接上连接器，然后安装并紧固 2 个卡子和 6 个卡爪。

（33）安装 3 个卡爪和前门内把手框。

项目十三 电动车窗电动机的结构与拆装

(34) 将电缆与蓄电池负极端子紧固连接。

◇ **小提示**:如果更换了电动车窗电动机或电动车窗升降器,则需要进行初始化(蓄电池负极端子断开并重新连接后,没有必要进行初始化)。

初始化期间不应操作其他电气系统。如果电动车窗电动机的电源电压出现下降,则初始化将中断。

更换车门玻璃或车门玻璃升降槽可能导致当前车门玻璃位置与 ECU 中存储的位置之间产生差异。在这种情况中,防夹功能将无法正常工作。使系统返回到初始化前的状态并对系统重新进行初始化。

(35) 进行电动车窗的初始化工作。

① 连接蓄电池负极端子。

② 将点火开关置于 ON(IG) 位置。电动车窗主开关指示灯将闪烁。

③ 通过操作电动车窗主开关完全关闭车门玻璃。车门玻璃停止后,将电动车窗主开关保持在 AUTO UP 位置至少 1s。

④ 检查并确认电动车窗主开关指示灯一直亮。

◇ **小提示**:

① 初始化完成后,自动上升功能才起作用。

② 点火开关置于 ON(IG) 位置时,电动车窗主开关指示灯将开始闪烁,并且持续闪烁至初始化完成。成功完成初始化后指示灯一直亮。

③ 如果指示灯不是一直亮,则意味着初始化未成功完成。这种情况下,降下车门玻璃至少 50mm(1.96in.),并在车窗全关后,将电动车窗主开关保持在 AUTO UP 位置 1s。

四、评价与反馈

1. 对学习任务进行评价,如表 13-1 所示。

学习任务评分表　　　　　　　　　　　表 13-1

考核项目	评分标准	分数	学生自评	小组互评	教师评价	小 计
团队合作	是否和谐	5				
活动参与	是否积极主动	5				
安全生产	有无安全隐患	10				
现场 5S	是否做到	10				
任务方案	是否正确、合理	15				
操作过程	前车窗电路各部件的查找与连接; 拆卸前车窗电动机; 安装前车窗电动机及其总成;	30				
任务完成情况	是否圆满完成	5				
工具和设备使用	是否规范、标准	10				
劳动纪律	是否能严格遵守	5				
工单填写	是否完整、规范	5				
	总分	100				
教师签写:			年　月　日		得分	

2. 能否向顾客提出正确使用汽车车窗系统的建议?

参 考 文 献

[1] 裘玉平.汽车电气设备[M].北京:人民交通出版社,1999.
[2] 张茂国.汽车电气设备构造与维修[M].北京:人民交通出版社,2004.
[3] 于明进,于光明.汽车电气设备构造与维修[M].北京:高等教育出版社,2002.
[4] 魏冬至.汽车电气设备构造与检修[M].江苏:江苏教育出版社,2009.
[5] 胡光辉.汽车电气设备构造与维修[M].北京:人民邮电出版社,2010.
[6] 邓斌.汽车电气设备构造与拆装[M].北京:人民交通出版社,2011.
[7] 林文工.汽车发动机电器维修工作页[M].北京:人民交通出版社,2007.